YAMAGATA

47 都道府県ご当地文化百科

山形県

丸善出版 編

丸善出版

刊行によせて

「47都道府県百科」シリーズは、2009年から刊行が開始された小百科シリーズである。さまざまな事象、名産、物産、地理の観点から、47都道府県それぞれの地域性をあぶりだし、比較しながら解説することを趣旨とし、2024年現在、既に40冊近くを数える。

本シリーズは主に中学・高校の学校図書館や、各自治体の公共図書館、大学図書館を中心に、郷土資料として愛蔵いただいているようである。本シリーズがそもそもそのように、各地域間を比較できるレファレンスとして計画された、という点からは望ましいと思われるが、長年にわたり、それぞれの都道府県ごとにまとめたものもあれば、自分の住んでいる都道府県について、自宅の本棚におきやすいのに、という要望が編集部に多く寄せられたそうである。

そこで、シリーズ開始から15年を数える2024年、その要望に応え、これまでに刊行した書籍の中から30タイトルを選び、47都道府県ごとに再構成し、手に取りやすい体裁で上梓しよう、というのが本シリーズの趣旨だそうである。

各都道府県ごとにまとめられた本シリーズの目次は、まずそれぞれの都道府県の概要（知っておきたい基礎知識）を解説したうえで、次のように構成される（カギカッコ内は元となった既刊のタイトル）。

Ⅰ　歴史の文化編

「遺跡」「国宝／重要文化財」「城郭」「戦国大名」「名門／名家」「博物館」「名字」

Ⅱ　食の文化編

「米／雑穀」「こなもの」「くだもの」「魚食」「肉食」「地鶏」「汁

物」「伝統調味料」「発酵」「和菓子／郷土菓子」「乾物／干物」

Ⅲ　営みの文化編

「伝統行事」「寺社信仰」「伝統工芸」「民話」「妖怪伝承」「高校野球」「やきもの」

Ⅳ　風景の文化編

「地名由来」「商店街」「花風景」「公園／庭園」「温泉」

土地の過去から始まって、その土地と人によって生み出される食文化に進み、その食を生み出す人の営みに焦点を当て、さらに人の営みの舞台となる風景へと向かっていく、という体系を目論んだ構成になっているようである。

この目次構成は、一つの都道府県の特色理解と、郷土への関心につながる展開になっていることがうかがえる。また、手に取りやすくなった本書は、それぞれの都道府県に旅するにあたって、ガイドブックと共に手元にあって、気になった風景や寺社、歴史に食べ物といったその背景を探るのにも役立つことだろう。

＊　　＊　　＊

さて、そもそも47都道府県、とは何なのだろうか。47都道府県の地域性の比較を行うという本シリーズを再構成し、47都道府県ごとに紹介する以上、この「刊行によせて」でそのことを少し触れておく必要があるだろう。

日本の古くからの地域区分といえば、「五畿七道と六十余州」と呼ばれる、京都を中心に道沿いに区分された8つの地域と、66の「国」ならびに2島に分かつ区分が長年にわたり用いられてきた。律令制の時代に始まる地域区分は、平安時代の国司制度はもちろんのこと、武家政権時代の国ごとの守護制度などにおいて（一部の広すぎる国、例えば陸奥などの例外はあるとはいえ）長らく政治的な区分でもあった。江戸時代以降、政治的区分としては「三百諸侯」とも称される大名家の領地区分が実効的なものとなるが、それでもなお、令制国一国を領すると見なされた大名を「国持」と称するなど、この区分は日本列島の人々の念頭に残り続けた。

それが大きく変化するのは、明治維新からである。まず地方区分は旧来のものにさらに「北海道」が加わり、平安時代以来の陸奥・出羽の広大な範囲が複数の「国」に分割される。政治上では、まずは京・大阪・東京の大都市である「府」、中央政府の管理下にある「県」、各大名家に統治権を返上させたものの当面存続する「藩」に分割された区分は、大名家所領を反映して飛び地が多く、中央集権のもとで中央政府の政策を地方に反映させることを目指した当時としては、極めて使いづらいものになっていた。そこで、まずはこれら藩が少し整理のうえ「県」に移行する。これがいわゆる「廃藩置県」である。これらの統合が順次進められ、時にあまりに統合しすぎて逆に非効率だと慌てつつ、1889年、ようやく1道3府43県という、現在の47の区分が確定。さらに第2次世界大戦中の1943年に東京府が「東京都」になり、これでようやく1都1道2府43県、すなわち「47都道府県」と言える状態になったのである。これが現在からおよそ80年前のことである。また、この間に地方もまとめ直され、京都を中心とみるのではなく複数のブロックで扱うことが多くなった。本シリーズで使っている区分で言えば、北海道・東北・関東・北陸・甲信・東海・近畿・中国・四国・九州及び沖縄の10地方区分だが、これは今も分け方が複数存在している。

だいたいどのような地域区分にも言えることではあるのだが、地域区分は人が引いたものである以上、どこかで恣意的なものにはなる。一応1500年以上はある日本史において、この47都道府県という区分が定着したのはわずか80年前のことに過ぎない。かといって完全に人工的なものかと言われれば、現代の47都道府県の区分の多くが旧六十余州の境目とも微妙に合致して今も旧国名が使われることがあるという点でも、境目に自然地理的な山や川が良く用いられているという点でも、何より我々が出身地としてうっかり「○○県出身」と言ってしまう点を考えても（一部例外はあるともいうが）、それもまた否である。ひとたび生み出された地域区分は、使い続けていればそれなりの実態を持つようになるし、ましてや私たちの生活からそう簡単に逃れることはできないのである。

＊　　＊　　＊

各都道府県ごとにまとめ直す、ということは、本シリーズにおいては「あえて」という枕詞がつくだろう。47都道府県を横断的に見てきたこれまでの既刊シリーズをいったん分解し、各都道府県ごとにまとめることで、私たちが「郷土性」と認識しているものがどのようにして構築されたのか、どのように認識しているのかを、複数のジャンルを横断することで見えてくるものがきっとあるであろう。もちろん、47都道府県すべての巻を購入して、とある県のあるジャンルと、別の県のあるジャンルを比較し、その類似性や違いを考えていくことも悪くない。あるいは、各巻ごとに精読し、県の中での違いを考えてみることも考えられるだろう。

ともかくも、地域性を考察するということは、地域を再発見することでもある。我々が普段当たり前だと思っている地域性や郷土というものからいったん身を引きはがし、一歩引いて観察し、また戻ってくることでもある。有名な小説風に言えば、「行きて帰りし」である。

本シリーズがそのような地域性を再発見する旅の一助となることを願いたい。

2024年5月吉日

執筆者を代表して

森岡　浩

目　　次

Ⅳ　風景の文化編　139

【注】本書は既刊シリーズを再構成して都道府県ごとにまとめたものであるため、記述内容はそれぞれの巻が刊行された年時点での情報となります

山形県

知っておきたい基礎知識

・面積：9323 km^2
・人口：102万人（2024年速報値）
・県庁所在地：山形市
・主要都市：米沢、鶴岡、酒田、新庄、天童、東根、上山、村山
・県の植物：紅花（花）、サクランボ（木）
・県の動物：オシドリ、カモシカ
・該当する旧制国：東山道出《で》羽国《はのくに》→羽前国（主要部）と羽後国（庄内地区の最上川以北）
・該当する大名：庄内藩（酒井氏）、新庄藩（戸沢氏）、米沢藩（上杉氏）、天童藩（織田氏）、山形藩（最上氏、秋元氏、鳥居氏など）
・農産品の名産：サクランボ・モモ・エダマメ・ブドウなど
・水産品の名産：アユ、ハタハタ、アワビなど
・製造品出荷額：3兆239億円（2022年）

●県　章

山形県の山々と、最上川の流れを鋭角的な3つの三角形で表現している。

●ランキング1位

・**即身仏《そくしんぶつ》の数**　県中央部の出羽三山は霊場として信仰を集めているが、江戸時代には、その修行僧の中には生きながら五穀などを絶って、水分や脂肪を減らしたうえで修行の上で死亡することによって、人々の救済する仏になろうとした僧がいる。このミイラのようになって保存された僧を即身仏といい、三山の一つである湯殿山《ゆどのさん》を中心に、現存するうちの半分にあたる8体が鎮座している。

●地　勢

南東北3県の一つである。奥羽山脈中程の西側にあたるが、特筆すべきは県域のほぼすべてが最上川《もがみがわ》の流域となっていることで、このため最上川は「県の母なる川」と呼ばれることもある。川沿いには米沢盆地・村山盆地・新庄盆地・庄内平野という県内の主要な低地が集中しており、県内の地域区分もこれに則って庄内、最上（新庄)、村山、置賜《おきたま》（米沢）に分けることが多い（さらに大きくは沿岸と内陸で分ける)。また、盆地が多いために冬は雪国ながらも夏は高温になり、県庁所在地である山形市は長らく国内最高気温記録を保持していた。

海岸線は日本海に面する庄内平野のみに見られ、砂浜海岸が続く。また、沖合には県内唯一の離島、飛島《とびしま》がある。

山岳地帯としては通称「出羽三山」と呼ばれる山岳信仰の聖地の一角たる月山を中心とした庄内〜内陸間の山岳地帯、秋田との県境にそびえる名峰鳥海山《ちょうかいさん》、樹氷で有名な蔵王などを有する奥羽山脈などがある。いずれも火山性であり、これもあって山形県は（一部ボーリングで地下深くから組みだしたところもあるが）全市町村に温泉がある県として知られている。

●主要都市

・**山形市**　戦国大名の最上氏が、室町時代から本拠を構えたことに始まる都市。江戸時代は城主が頻繁に交代したこともあり、町は紅花取引などを中心とした商都として栄えた。都市中心部の全域が扇状地上に営まれており、江戸時代に整備された用水路群が最近になり観光資源に浮上している。また、山向こうの仙台市との交通が非常に活発である。

・**米沢市**　本来は伊達氏が本拠を置いていたところ、豊臣秀吉以降の国替えの結果、上杉氏の城下町となった都市。もともと武士・半農の身分の人口比が多かったためもあり、街並みに城下町の名残が色濃くあることでも知られる。

・**鶴岡市**　260年にわたり庄内地区全域を支配した大名、酒井家の城下町に由来する都市。時代小説家の藤沢周平が描いた一連の作品群の舞台「海《うな》坂藩《さかはん》」の城下町のモデルになったともいわれている。また、「おくりびと」の撮影をはじめ、最近は映画のロケ地としても力を入れている。

・**酒田市**　花笠音頭に「酒田港に紅花積んで／流す舟歌最上川」とも歌われる、古くからの西回り日本海航路の要衝たる港町。庄内地方では「本間様には及びもせぬが／せめてなりたや殿様に」と言われたほどの豪商、本間家の本拠地でもあった。ただ、日本海側の強風にあおられた火事が江戸時代以来多い都市であり、1976年の酒田大火でもかなりの広範囲が焼失している。

・**新庄市**　北部最上地方の中心都市。南北に走る奥羽本線と、東西に走る陸羽線という鉄道の交点にあたり、近代においては交通の要衝であった。また、近隣の肘折温泉《ひじおりおんせん》は県内としても屈指の豪雪地域である。

・**天童市**　山形市の北隣に位置する、奥州街道の宿場と織田家天童藩の城下に由来する、将棋の駒が有名な都市。ただし、現代では山形市のベッドタウンとしての一面が大きい。

・**東根市**　天童市のさらに北隣に位置する都市。主に近代の人口増加は、自衛隊の駐屯地と山形市へ通勤する人々の居住による。市内には扇状地が連続し、サクランボの大産地としてしられる。なお、なぜか市内に潜伏キリシタンによるものとみられるマリア観音像が存在する。

・**寒河江市**　村山地方、最上川の西側の中心地。近隣の慈恩寺は、平安時代以来奥州藤原氏・寒河江《さがえ》大江氏といった有力者の庇護を受けた東北地方有数の大伽藍《だいがらん》で知られている。また、南の近くにある大江町には、難読地名「左沢」（あてらざわ）がある。

●主要な国宝

・**「縄文の女神」（西ノ前遺跡出土土偶）**　北部の船形町の遺跡で出土した、曲線的なプロポーションを持つ土偶の逸品。当時の山形県は、現在に比べると広葉樹林が広がっていたらしい。

・**羽黒山五重塔**　山岳信仰の拠点である羽黒山《はぐろさん》の麓にある、東北地方では最古の塔とされるもの。羽黒山の山岳信仰の歴史は古く、すでに10世紀には信仰の場・修験道の道場が開かれていたと伝えられている。この羽黒山・月山・湯殿山を指して「出羽三山」といい、月山につながる葉山を含めて信仰の対象とされた。また、山形から月山方面に向かって鶴岡へと抜ける六十里越街道は、近世に至るまで最上川以外で内陸と沿岸をつなぐほぼ唯一の道として往来が活発であった。

●県の木秘話

・**ベニバナ**　黄色の花を咲かせるが、その花びらを丸め発酵させると紅の染料が取れることから、村山地方一帯では商品作物として盛んに生産された。生産が盛んだった河北町の谷地ではその商家が今も残り、また山形の町もベニバナ取引で発展していた。明治期に一時途絶えた生産は、戦後になって残された種が偶然発見されたことによって、往時に比べればささやかではあるが復活を遂げた。

・**サクランボ**　村山盆地を中心に生産が行われ、「佐藤錦」「紅秀峰《べにしゅうほう》」といった高級品種の生産も盛んである。山形盆地での果樹栽培は、初代県令の三島通庸《みちつね》が果樹の苗木を取り寄せたことをきっかけとし、さらに多数の篤農家による品種改良や加工品の生産などで発展し、1912年に東根市の佐藤栄助氏によって、代表的品種「佐藤錦」が生み出されるに至った。彼の銅像は山形新幹線さくらんぼ東根駅にある。

●主な有名観光地

・**蔵　王**　宮城県との県境にまたがるこの山の山形県側では、蔵王温泉と樹氷《じゅひょう》が有名である。樹氷は奥羽山脈に吹き付ける北西季節風に巻きあげられた雪が、蔵王において木々に大量に付着することによってできるもので、海外では「スノーモンスター」とも称されている。

・**文翔館《ぶんしょうかん》（旧山形県庁舎）**　山形市には明治期以来の洋風・擬洋風建築が意外と多いが、中央部の大通りの突き当りにある旧山形県庁舎は、その左右対称のプロポーションや内装もあり、明治期を舞台にした映画の撮影地にもよく使われている（なお竣工は大正時代の1916年）。このほか、山形市内に残る洋風・擬洋風建築としては、旧済生館《さいせいかん》病院、旧山形師範学校校舎などもある。また、これ以外に鶴岡も比較的そのような建築が多いことで知られている。

・**立石寺《りっしゃくじ》（山寺）**　平安時代の初期に開かれた、岩の上に立つお堂が有名な寺社。松尾芭蕉が「奥の細道」に収載した「閑かさや岩にしみいる蝉の声」の句がとくに有名だろう。

・**慈恩寺**　立石寺に比べると知名度は低いが、こちらも平安時代以来の古刹であり、近隣の寒河江領主の信仰を受けた。弥勒菩薩《みろくぼさつ》像をはじめとして、多数の仏像が文化財指定を受けている。

・**銀山温泉**　尾花沢市の内陸部、細い川の両岸に密集するように建てられた大正時代の和風建築群が有名な温泉。「銀山」とは、室町～江戸初期にかけて隆盛した銀山である延沢銀山《のべさわぎんざん》を指す。

・**山居倉庫《さんきょそうこ》**　酒田市に明治時代に建てられた木造倉庫群。主な保管物は米であった。なお、先述の通り酒田は大火が多い都市ではあるが、樹木のために延焼を免れた本間家旧本邸などは現存している。

●文　化

・**将棋駒**　天童市の名産品であり、古くは2万石の小藩で財政難に苦しんだ天童の武士の内職に始まると言われる。現在は主に国内のツゲを材料に用いる。また、4月に行われる「天童の人間将棋」も有名である。

・**花笠音頭**　明治～昭和期にかけて労働歌・民謡として成立したものが、1965年頃から始まった花笠まつりのパレードに合わせて踊るための曲になったもの。このため、他の東北の祭りに比べると歴史が浅く、むしろ戦前～1960年代前半までは最上義光祭が中心であった。この転換には、一説には当時山形県のメディア・交通双方に絶大な影響力を持った山形新聞社主の意向があったと伝わっている。

・**米沢織物**　米沢の伝統産業の一つであり、実はこれが現在で国内有数の繊維・化学企業となったテイジン（帝国人絹《ていこくじんけん》）の創業の地が米沢となった背景である。その帝人創業者たちが勤めた米沢高等工業学校の後身である山形大学工学部のキャンパスは、今も米沢に所在している。

●食べ物

・**いも煮**　日本海交易によって京都方面の棒鱈《ぼうだら》と芋の炊き合わせ「芋棒」が伝わったことが原型になったという説が有力な郷土料理。特に里芋が出回る秋には、県内各地の河川敷で芋煮を煮て食べまくる「芋煮会」が開催されることが定番である。なお、山形県では沿岸部の味噌・豚肉仕立てと、内陸部の醤油・牛肉仕立てで大きく好みがわかれている。

・菊　観賞用ではなく食用の品種があり、特に置賜地方《おきたまちほう》で栽培されている。「もってのほか」という品種がとくに有名で、お浸しにして食する。このほか、スベリヒユなどの野草も山形県内陸ではよく食べられるものの一つである。

・エダマメ　庄内地方の特産品の一つ。特に庄内地方では「だだちゃ豆」と呼ばれる品種が知られているが、この「だだちゃ」とは庄内方言で「お父さん」の意味である。

・ラーメン　山形県の消費量がかなり多いものの一つ。蕎麦屋など各地で出されているが、関東大震災での都市部からの料理人避難を機に根付いたとされる。また、暑さに耐えかねて、固まりやすい動物脂の使用を控えて冷たいスープで仕立てた「冷やしラーメン」も存在する。

●歴　史

•古　代

山形県は6世紀には、近畿地方の朝廷の支配下に組み入れられていたようである。このあたりが弥生時代以降に移入された稲作文化の当時の北限地とみられ、前方後円墳も日本海側については、本県（米沢盆地の稲荷森古墳）以北での発見例は今のところない。日本海沿いに拡大してきた勢力は最上川下流部に達したが、このあたりで越後国《えちごのくに》の一部として扱うには無理が生じたことがおそらく理由となり、712年に出羽国が後の庄内地区に設置された。その後の北方侵攻に伴って秋田県南部地域を、さらに陸奥国から後の置賜・村山・最上の地域を加えて、出羽国は徐々に拡大。結果的に陸奥国に次ぐ国内2番目の面積を持つ令制国となった。

すでに当時から、最上川は日本海と内陸をつなぐ重要な水路であり、駅（うまや、律令制下において主要道に配された公用の馬の乗り継ぎ・宿泊施設）の中でも珍しい、船が配置された「水駅」が最上川に沿って配置されていたという当時の法令がある。また、北部のエミシに対する前線となっていた出羽国では、各地からの強制的な入植も行われていたようである。また、現代でもそうであるように、沿岸部を北上するもともとの出羽国設置のきっかけとなった動きに加え、内陸部の陸奥方面からの交通も重要であった。加えて、月山などの山岳信仰もこのころには既に存在していたようであり、後に織田信長の焼き討ちによって炎上した比叡山《ひえいざん》の「不滅の法灯」の火をここから継いだという古刹立石寺も9世紀には開山されている。

●中　世

平安時代の後期になると、岩手県平泉を本拠とした奥州藤原氏の勢力圏に本県の県土もあったらしいと推定されている。従って、奥州藤原氏の滅亡後には、鎌倉幕府への奉公関係を結ぶ関東地方や幕府中枢部に近しい御家人の所領が設けられた。とくに有名なのは置賜地方の長井や村山地方の寒河江に所領を受けた大江氏、庄内地方に本拠を置いた武藤氏などがあり、特に大江氏の寒河江支配と武藤氏の庄内支配は戦国時代にまで及んだ。また、室町時代になると、後の県土の南に隣接する陸奥国伊達郡《だてぐん》（現在の福島市周辺）の領主伊達氏が置賜地区に進出し、さらには陸奥探題斯波氏《しばうじ》の一族が山形城の原型を築いて後に最上氏と名乗るなど、県内には豪族が割拠した。

また、この時代にはすでに酒田湊が自治都市として存在しており、伝承によれば1500年前後、最上川の流路変化に伴い現在地のあたりに街を移転させたと伝えられている。

やがて、戦国時代になると勢力を強めたのが山形の最上氏と米沢の伊達氏で、特に山形城などの整備で知られる最上義光《もがみよしあき》と、「独眼竜」の異名で有名な伊達政宗の両者は村山地区と置賜《おきたま》地区の境付近で度々衝突した。この衝突は、上杉氏に置賜の領主が変わっても発生し、そのほぼ最後のものが、関ヶ原合戦に伴う上杉家の最上領侵攻とその直後の関ヶ原早期決着による上杉軍撤退戦の一つとして発生した「長谷堂城《はせどうじょう》の戦い」である。

なお、この1600年前後、それまで「村山郡」と呼びならわされていた地域が「最上郡」に、「最上郡」と呼ばれていた地域が「村山郡」に呼び名が逆転するという珍現象が発生している。現代の4地域区分の根拠はこれ以降の名称によるが、山形を本拠とする最上氏が「村山氏」ではないのは、そのためである。

●近　世

関ヶ原合戦の結果、現在の県域のうち、上杉家に割り振られた置賜地区を除く地域を最上家は獲得。早速酒田湊や最上川水運の整備（遡行限界の上流への拡大)、山形城下町の再整備を行うが、初代藩主たる戦国大名最上義光の死後、御家騒動が勃発し改易《かいえき》されてしまう。これ以降、山形県は米沢の上杉家領、庄内の酒井家領、新庄の戸沢家領、小領主と小大名と幕府領が入り乱れる村山地方という状況が定着する。村山地方では山形城主を筆頭に、これ以降も領主が各地で頻繁に交代するが、都市としては山形が陸奥仙台方面からの街道と最上川水運の結節点として繁栄をつづけ、村山地方の中心とベニバナ交易で栄える商都としての地位を保った。また、酒田は西廻り航路の整備によって庄内の農産物や内陸の紅花の移出拠点として、それぞれの城下町も地域の中心として栄えた。米沢では、後期の名藩主こと上杉鷹山《うえすぎようざん》とその藩政改革が有名である。

●近　代

明治維新後、庄内藩・会津藩への討伐命令に反発して結成された奥羽越列藩同盟には全藩が加盟。庄内藩に至っては、同盟を裏切り新政府軍に参加した諸藩に逆侵攻するなど、終盤までかなりの優勢を保ったが、最終的に降伏した。なお、この庄内藩逆侵攻の際に、天童・新庄の両城下は炎上している。

その後、まずは廃藩置県でおおむね旧藩に近い県域ができたのち、1876年に現在の山形県の県土が確定。初代県令三島通庸《みしまみちつね》は「鬼県令」と称されつつも、県庁所在地となった山形市の整備（現在に残る擬洋風建築建設への着手や市内中央の大通りの拡幅)、県外と県内をつなぐ主要街道の整備（福島との万世大路、仙台との関山旧トンネル）などの整備に尽力した。また、現代に続く果樹栽培もこのころから始まり、現代の山形県へとつながっている。

現代においては山形新幹線の開通により、東京との所要時間は大幅に縮まった。観光客の増加につながった一方、最近では山形市周辺以外の人口減少が深刻な課題となりつつある。

【参考文献】
・横山昭男ほか『山形県の歴史』出川出版社、2011
・山形放送ほか編『山形県大百科事典』新版、1993

I

歴史の文化編

遺　跡

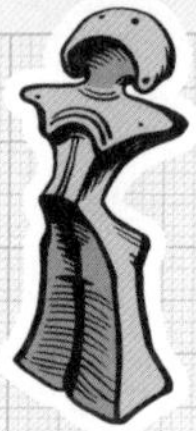

西ノ前遺跡（土偶「縄文の女神」）

地域の特色

山形県は、東北地方の南西部に位置し、日本海に面する。北は出羽山地の一部を形成する鳥海山（2,237m）を中心として山地が東西に連なり、秋田県との境界をなす。東は蔵王連峰を含む奥羽山脈によって宮城県と隔てられており、南には吾妻山系、南西部には越後山地が連なって、それぞれ福島県、新潟県に接している。山地や丘陵が面積の約4分の3を占め、そうした山々を縫うように流れる最上川の河口に庄内平野が形成されている。また、奥羽山脈と出羽山地の間には盆地帯が形成され、米沢盆地、山形盆地、新庄盆地および小国盆地などの小盆地が点在している。また、出羽丘陵の南部には月山（1,984m）や羽黒山、湯殿山などいわゆる「出羽三山」と呼ばれた山岳信仰の霊山が位置しており、これらが内陸盆地と海岸の平野部を隔てている。

内陸盆地を中心として、最上川流域には旧石器時代から縄文時代の遺跡が多数認められている。特に旧石器時代の遺跡が東北他県に比べ数多く確認されている。古代は出羽国にあたり、『和名類聚抄《わみょうるいじゅしょう》』によれば、出羽国の郡郷は11郡58郷あった。そのうち本県に所在したのは、最上郡（8郷）・村山郡（6郷）・置賜郡（7郷）・飽海郡（9郷）・田川郡（5郷）・出羽郡（5郷）の6郡40郷であった。平安時代以後は荘園化が進み、小田島荘、寒河江荘、大曽根荘のほか、東北荘園の北限とされる遊佐荘などが存在した。中世以降は、大江氏・大泉氏などの地頭武士が勢力を拡大したが、南北朝時代に羽州探題《はねしゅうたんだい》として斯波兼頼《しばかねより》が山形に入り、その後最上氏と称して支配することになる。戦国期には最上義光《もがみよしみつ》によって統一が進み、上杉景勝《うえすぎかげかつ》が置賜郡を一部支配したほかは、最上氏の支配に属していた。

江戸時代には、最上氏が1622（元和8）年に改易され、領地は山形、上山、新庄、鶴岡の諸藩に分封、天領なども設けられた。加えて山形城主をはじめ、頻繁に領主の交替が行われたことから、領有形態が錯綜することになった。明治維新を経て、1869年の版籍奉還《はんせきほうかん》により、知藩事8名と新政府直

凡例　史：国特別史跡・国史跡に指定されている遺跡

轄の酒田県が誕生したが、翌年、山形藩など村山地方の小藩・分領が合併され、先の酒田県を合わせて山形県が成立した。さらに、1871年の廃藩置県により、同年11月、山形県、酒田県（後に鶴岡県）、置賜県の3県に再編された。その後1876年8月、山形県へと統一された。

主な遺跡

上屋地遺跡《かみやち》

＊西置賜郡飯豊町：最上川上流の置賜白川の左岸、標高400mに位置　**時代** 旧石器時代

東北地方における旧石器文化研究の先駆的遺跡。1967年の羽越水害によって崩落した崖面より、地理学者の米地文夫《よねちふみお》が石片を採集したことに始まる。遺跡はA・Bの2つの地区に分かれ、B遺跡は1968～70年にかけて山形大学と県立博物館の主導で調査が行われた。確認された堆積層のうち粘土質層（第2層）と下部の礫層《れきそう》（第3層）から硬質頁岩、流紋岩などを加工した握槌《にぎりつち》（ハンド・アックス）や斜軸尖頭器《しゃじくせんとうき》、掻器類《そうきるい》のほか、円盤型石核などの石器群が出土した。

1971～73年には、上位の河岸段丘上に位置するA遺跡で調査が行われ、最上層からは両面調整尖頭器や片刃石斧、掻器を含む2つの石器群が層位的に検出された。特に斜軸尖頭器は先端部が尖《とが》り、基部に近い部分が幅広い尖頭器《せんとうき》である。その技法は、ほかの石核石器（亀ノ子形石核《かめのこがたせきかく》）を含め、いわゆるルヴァロワ型石核を用いた剥片剥離の特徴（ルヴァロワ技法）をもち、ユーラシア大陸におけるルヴァロワ＝ムスティエ文化期との関連が指摘されている。A遺跡が位置する河岸段丘の堆積土から出土した木材片の14C年代測定（β測定法《べーたそくていほう》）の結果では、3万1900年B.P.の年代が算出されている。また、B遺跡でも湖岸段丘の堆積土の泥炭より2万9600±1700年B.P.の値が算出されており、日本列島における旧石器文化を考えていくうえで重要な遺跡である。

東山遺跡《ひがしやま》

＊西置賜郡小国町：小国盆地の東縁、荒川と横川の河岸段丘上、標高180mに位置　**時代** 旧石器時代

東山型ナイフ形石器の標準遺跡。1962年に発見され、翌63年に試掘調査が行われた。基部と先端部に細かい加工を施す形態の硬質頁岩・玉髄質の「東山型《ひがしやまがた》ナイフ形石器」が特徴的であり、ナイフ形石器のほか先刃式掻器、彫刻刀形石器・石刃・石刃核などがある。東山型ナイフ形石器は周辺の遺跡はもとより、北海道、北陸にも認められている。小国盆地には旧石器時代の遺跡が多く、例えば、荒川の河岸段丘下位面、東山遺跡の北西

1.5kmに位置する横道遺跡（小国町）では、細身で両先端が柳の葉のように尖り、本州東北部、津軽海峡以南に分布する「杉久保《すぎくぼ》型ナイフ石器」が出土している。この杉久保型と東山型とに共伴する石器には違いがあり、年代差が指摘されているほか、横道遺跡に近い湯《ゆ》の花《はな》遺跡では細石刃を伴う細石器群が出土、東山遺跡の南に位置する平林《ひらばやし》遺跡では、細石刃以前の小型の両面調整尖頭器とナイフ形石器が伴出し、尖頭器出現期の遺跡として知られているなど、小国町の旧石器時代の遺跡には特色があり、旧石器文化の変遷を知るうえで、貴重な遺跡群といえる。

水木田《みずきだ》遺跡

＊最上郡最上町：小国川右岸の段丘上、標高約187mに位置
時代 縄文時代中期前半

1978年、圃場整備に伴い、県教育委員会によって発掘された。馬蹄形の集落を形成し、8棟の竪穴住居跡が発見されているが、おおむね径5～6m、中央部に1m以上のやや大きめの地床炉をもつ。長方形に石を組み(8×7m)、中央部から焼土を検出した配石遺構も認められている。住居跡の数に比べても完形の土器量はきわめて多い。大きな波状口縁《はじょうこうえん》に粘土紐で貼り付けたり、竹管を用いた文様など多彩な土器を含んでいることがわかる。縄文時代中期初頭～中葉期（大木《だいぎ》7a式～大木8a式）にわたる集落であり、北方の円筒上層《えんとうじょうそう》b式《しき》や関東の五領ヶ台式《ごりょうがだいしき》、北陸地方の新崎式《にんざきしき》に対比しうる土器群が認められ、広い文化的交流のあり方がうかがわれる。

吹浦《ふくら》遺跡

＊飽海郡遊佐町：鳥海山麓の日本海に面した緩斜面、標高6～16mに位置　時代 縄文時代前期

1919年に、羽越本線の工事によって貝塚が発見され、人類学者の長谷部《はせべ》言人《ことんど》によって発掘された。1951年から県内初の学術調査が行われ、縄文時代前期の竪穴住居跡や石器製作跡などが検出された。土器は東北北部の「円筒式《えんとうしき》」や東北南部の「大木式」との関わりが指摘され、独自の「吹浦式」の提唱もされたが、近年では再考されつつある。加えて、平安時代前期の竪穴住居跡や掘立柱建物が検出されているほか、大小さまざまな形態の貯蔵穴と推測される土坑が多数検出されている。

西《にし》ノ《の》前《まえ》遺跡

＊最上郡舟形町：小国川左岸の段丘上、標高72mに位置
時代 縄文時代中期

1986年、県教育委員会の遺跡詳細分布調査によって発見され、国道13号線尾花沢新庄道路の建設工事に伴い1991年より試掘調査を実施、1992年には本格的な発掘調査が行われた。長軸10mを超える大型住居跡3棟を含む竪穴住居跡9棟、フラスコ状土坑60基や土器捨場などが発見されて

いる。特筆されるのが、高さ45cmと国内最大級の完形土偶《かんけいどぐう》が出土したことである。張り出した胸部や腹部、そして後ろに突き出た腰など、その均整のとれた八頭身の姿から「縄文の女神」とも呼ばれる。ていねいな調整や装飾も見られ、2012年に国宝に指定された。発見時は、頭部、胸部、腰部、脚部の5片に分かれて見つかり、その周辺より大小の土偶片47点が出土している。県内では台の上遺跡（米沢市）の169点をはじめ、土偶を多量に出土する遺跡も存在するが、数点程度の遺跡が一般的であり、その差異の生じる理由は何か、など興味は尽きない。

天神森《てんじんもり》古墳

＊東置賜郡川西町：米沢盆地西端の沖積低地、標高215～220m付近に位置　時代 古墳時代前半

東北地方でも前方後方墳《ぜんぽうこうほうふん》としては最大の規模をもち、また日本海側北限の前方後方墳である。自然堤防状の地形を利用して整形し、盛土した古墳である。周溝《しゅうこう》や葺石《ふきいし》、埴輪《はにわ》は認められない。全長75.5mで主軸は東西方向となっている。後方部の長さは43m、幅56m、高さ4.3mを測る。前方部は長さ32.5m、幅32m、高さ3mの規模である。1980年に調査が行われ、後方部墳頂《こうほうぶふんちょう》左（南）縁辺《えんぺん》と右（北）側くびれ部から、底部を穿孔《せんこう》した壺《つぼ》形《がた》土器《どき》（二重口縁広口土師壺《にじゅうこうえんひろくちはじつぼ》）が出土した（古墳前期・塩釜式《しおがましき》）。4世紀末の首長墓として評価される。墳丘後円部に天満宮《てんまんぐう》の祠《ほこら》が祀られている。

稲荷森《いなりもり》古墳

＊南陽市：米沢盆地、吉野川右岸の孤立丘陵を切断して形成。標高217m　時代 古墳時代　史

最上川流域最大の前方後円墳。1978年と79年に調査が行われた。全長96m、前方部の長さが34m、端部幅が32m、高さ5m。後円部径は62m、高さ10mを測る。東北地方でも有数の規模であり、日本海側では前方後円墳の北限となる。形態的にはやや前方部が低く短小な銚子型《ちょうしがた》を呈し、葺石や埴輪は確認されていない。また、内部主体の調査もされておらず、年代の比定は難しいが、後円部の地山直上に形成された竪穴住居跡が検出され、土師器の器台も出土している。後円部の北東境からも底部穿孔の土師壺が見られたことから、4世紀末の首長墓と解釈されている。

城輪柵跡《きのわさくあと》

＊酒田市；庄内平野北半の中央部、標高11～13mに位置
時代 平安時代　史

出羽国府跡とされる。1931年に水田のなかに埋没する角材列を発見し、翌年から調査が行われ、720mを一辺とする正方形の外郭施設の存在を明らかにするとともに、門や櫓《やぐら》の跡も検出した。戦後は暗渠排水工事《あんきょはいすいこうじ》などに伴い、1964年から再び調査を開始、現在も継続して行われている。現

在では一辺115mの方形の内郭や正殿、後殿、東西脇殿などの建物が認められており、その配置はほかの国府跡における建物配置と類似することから、この遺跡が出羽国府であると評価する根拠となっている。また、遺構の状況から3つの時期が想定され、9世紀前半、10世紀後半、11～12世紀に区分できる。

なお『日本三代実録《にほんさんだいじつろく》』には、9世紀末に出羽国府の移転の記事があり、城輪から東方3kmほどに位置する八森《はちもり》遺跡（八幡町）では、城輪柵では遺構の希薄な9世紀後半の正殿跡や、一辺90mの方形区画が認められている。移転の理由は自然災害と推定されているが、この八森遺跡が出羽国府の一時移転した国衙跡《こくがあと》と考えられている。城輪柵と周辺では、集落跡も多数認められ、計画的な集落などの形成が図られたと推定されているほか城輪柵の遺構年代と一致し、国府とともに成立、衰退したことが考えられる。また、県内の他の遺跡では平安時代でも竪穴住居が一般的だが、この周辺では掘立柱建物がほとんどであり、木材生産を含めて計画的な「都市」づくりのあり方がうかがわれる。

亀ヶ崎城跡《かめがさきじょうあと》

＊酒田市：庄内平野の西端、標高3m、最上川の自然堤防上に位置　**時代** 中世～近世

古くは東禅寺城《とうぜんじじょう》とも呼ばれ、戦国期は最上氏によって支配された。最上氏改易後、酒田氏が庄内藩を治めることになった折、鶴ヶ岡を居城としたが、支城として存続。明治維新後に廃城となる。現在、本丸跡・二の丸跡は山形県立酒田東高校の敷地となり、一部の土塁《どるい》を残して遺構は現存していない。近年の発掘で、近世段階の本丸と二の丸の間の内堀が検出されたほか、18世紀後半から19世紀前半の肥前《ひぜん》・唐津《からつ》系や瀬戸美濃《せとみの》系などの陶磁器類や金属製品、木製品などが検出されている。

また、1875年に解体された本城である鶴ヶ岡城《つるがおかじょう》（鶴岡市）も、濠《ほり》は現存するものの本丸や二の丸は鶴岡公園となり、1887年に創建された酒井《さかい》忠勝《ただかつ》を祭神とする荘内神社が現存する。近年、発掘調査が行われており、二の丸堀跡、百間堀跡《ひゃくけんぼりあと》から近世の木製品を中心とした多量の遺物が出土している。戊辰戦争後、山形県内の城郭は廃城、解体されたものが多く、近年の発掘により、近世段階の様相が明らかになりつつある。

国宝／重要文化財

楼閣人物填漆箪笥

地域の特性

東北地方の南西部に位置する。北側に鳥海山《ちょうかいさん》と丁岳山地《ひのとだけさんち》、東側に奥羽《おうう》山脈《さんみゃく》、南側に飯豊山地《いいでさんち》、南西側に朝日山地、そして中央に月山《がっさん》と葉山《はやま》がそびえている。最上川が中央を貫流して日本海に流れ、上流から米沢、山形、新庄の各盆地が連なって、下流には広大な庄内平野が形成されている。日本海側気候に属し、内陸盆地では寒暑の差が激しい。平坦地の少ない山国で、気候や風土などの違いから、内陸盆地と日本海側平野部に分かれる。山形盆地は人口密度が高く、庄内平野は稲作で有名である。

古くは蝦夷《えみし》が暮らしていたが、7世紀後半から大和王権が侵攻し、709年に前線基地の出羽柵が設置され、712年に出羽国がおかれた。平安時代に仏教が盛んになり、荘園も発達した。室町時代に斯波氏《しばし》が内陸部で勢力を拡大し、地名をとって最上氏《もがみし》となった。有力な戦国大名となった最上義《もがみよし》光《あき》を藩主にして、江戸時代に山形藩が成立し、南側に上杉氏の米沢藩ができた。その後最上氏は改易《かいえき》となり、山形藩は複数の中小藩に解体された。明治維新の廃藩置県で、複雑に入り組んだ天領（幕府直轄領）や多数の藩が山形県として統合された。

国宝／重要文化財の特色

美術工芸品の国宝は5件、重要文化財は65件である。米沢の上杉氏に関連する物品に国宝／重要文化財が多く含まれ、上杉謙信を祀った上杉神社と、米沢市上杉博物館に収蔵されている。上杉氏は鎌倉時代から続いた武家で、室町時代に関東管領《かんとうかんれい》に任ぜられた。戦国大名の上杉景勝《うえすぎかげかつ》は江戸時代に米沢藩藩主となり、近代に上杉氏は伯爵となった。建造物の国宝は1件、重要文化財は28件である。国宝は、羽黒山にある室町時代前期の五重塔である。羽黒山から月山と湯殿山が連なる出羽三山は中世から近世にかけて修験道の本拠だった。現在、出羽三山に古い仏像が少ないのは、明治維

凡例　◉：国宝、◎：重要文化財

新の廃仏毀釈《はいぶつきしゃく》で仏像が処分されたからであろう。そのほかに県内には、近代の洋風建築が多数残っている。

◉土偶《どぐう》　山形市の山形県立博物館で収蔵・展示。縄文時代中期の考古資料。県北部、舟形町の西《にし》ノ前遺跡《まえいせき》から出土した。西ノ前遺跡は段丘上にあり、円弧上に住居跡が並んで内側に土坑が密集する集落遺跡だった。調査区南端で落ち込み遺構《いこう》が見つかり、そこから大量の遺物《いぶつ》が出土した。土偶の破片が多数出土し、なかでも頭部、胸部、腰部、左右の脚部、計5片からなる大型土偶の破片が際立っていた。復元された大きな土偶は像高45cmあり、「縄文《じょうもん》の女神《めがみ》」と呼ばれている。斜め前に傾いた帽子のような頭部周囲に4個の小穴があり、顔面は平坦につくられて眼鼻口は表現されていない。胸部は両肩が左右に張り出し、逆三角形の乳房が下方に垂れる。腹部は臍《へそ》にかけて前方にやや膨らみ、妊婦像を思わせる。腰部前面に沈線で五角形が描かれ、後ろに大きく湾曲させた臀部《でんぶ》へ複雑な文様が施されている。裾の広がる脚部は角柱状の柱を2本つなぎ合わせた構造で、横方向の凹線文様が描かれている。直立して、張り出した肩から裾広がりの脚へ、流れるようなプロポーションは安定感に満ちた造形美である。

◉洛中洛外図《らくちゅうらくがいず》　米沢市の米沢市上杉博物館で収蔵・展示。桃山時代の絵画。狩野永徳（1543～90年）が描いた六曲一双の屏風で、1574年に織田信長が上杉謙信に贈ったと伝えられている。洛中洛外図《らくちゅうらくがいず》は、京の都を一望して洛中《らくちゅう》（市中）と洛外《らくがい》（郊外）の四季の景色に、人々の生活や風俗を描き込んだもので、右隻《うせき》と左隻《させき》からなる。右隻に下京、つまり東山方面を西側から俯瞰《ふかん》し、左隻に上京、つまり西山を東側から眺望するという構図で、向かって右から夏、春、冬、秋と季節を追っている。金雲に寺院や神社、邸宅が232か所、そして2,500人近くの人物が精密かつ色鮮やかに描かれている。例えば右隻には、清水寺《きよみずでら》で参詣者が落水で身を清め、坂を上って本堂の舞台で眺望を見渡す様子、夏の鴨川で網を手に魚を捕る人たち、祇園会《ぎおんえ》の長刀鉾《なぎなたほこ》や船鉾などの山鉾巡行《やまほこじゅんこう》と神輿渡御《みこしとぎょ》、趣向をこらした衣装集団による風流踊り、相撲、髪結床《かみゆいどこ》、宮中紫宸殿《きゅうちゅうししんでん》の庭で雅楽《ががく》を舞う元旦の節会《せちえ》など。左隻には、桜の咲く鞍馬《くらま》、雪をかぶった金閣寺、正月の子供たちの遊び、美しい庭園のある細川殿、梅の咲く北野天満宮、大規模で賑やかな足利将軍の公方邸《くぼうてい》、猿使い、湯女《ゆな》、紅葉の枝を手に嵐山《あらしやま》の渡月橋《とげつきょう》をわたる紅葉狩りの人たち、疫病を引き起す怨霊《おんりょう》を鎮《しず》める御霊会《ごりょうえ》などが細密に描写されている。金地に彩色の施された豊かな美術的価値だけでなく、当時の人たちの様子を生き生きと目の当たりにするようで、歴史民俗的資料価値も高い。

◎楼閣人物填漆箪笥《ろうかくじんぶつてんしつたんす》　上山市《かみのやまし》の蟹仙洞《かいせんどう》で収蔵・展示。中国／明時代前期の工芸品。高さ36cmの基台の付いた方形のタンスである。前面の蓋を外すと、内部は上下4段あり、各段はそれぞれ上から4、3、2、1の区画に区切って、引出しが納められている。タンス全面に存星《ぞんせい》という技法が施されている。肉厚の朱漆地を彫って各種の色漆を充填《じゅうてん》し、平らに研ぎ出して文様を描き出す。そして輪郭や細部を沈金《ちんきん》の線でくくるのである。各面とも中央に大きな菱花形《りょうかけい》を描き、その内側に楼閣《ろうかく》を中心に雲、山、樹木、鳥獣が配され、前面と左右側面には男女の群像も加えられている。菱花形の外には牡丹唐草《ぼたんからくさ》が描かれ、周縁には花唐草を内側にはさんだ二重界線がめぐる。内部の引出しに円環が付く。基台裏面に大明宣徳年製《だいみんせんとくねんせい》という刻銘があり、15世紀前半の数少ない中国漆工芸の優品である。なお蟹仙洞は、上山で製糸業を営んだ長谷川謙三のコレクションからなっている。

◉羽黒山五重塔《はぐろさんごじゅうのとう》　鶴岡市にある。室町時代前期の寺院。出羽三山神社社務所から随神門《ずいしんもん》を通って山上へ向かう参道のそばにあり、祓川《はらいがわ》を渡って一の坂の手前、杉木立の中にひっそりと建っている。羽黒山にはかつて寂光寺《じゃっこうじ》を本坊として多くの寺院があったが、明治維新の廃仏毀釈《はいぶつきしゃく》でそのほとんどが失われた。五重塔はそのうちの一坊、滝水寺宝生院《りゅうすいじほうしょういん》の塔で、周辺には多数の堂宇や池があったという。高さ29m余りの方3間の五重塔で、初重に縁をめぐらせる。純和風の手法を見せ、各重とも組物《くみもの》は三手先《みてさき》、中備《なかぞなえ》は間斗束《けんとづか》で、各重の屋根の大きさを下から上へ少しずつ微妙に小さく逓減《ていげん》させて、塔の形態を美しくしている。伝説によると承平年間（931～38年）に平将門の創建としているが、1369年に柱立、1377年に九輪《きゅうりん》を上げたとする棟札《むなふだ》の記事、1372～73年の建立とする説などがあり、建築様式から見てもこの頃の建立と推定されている。1608年に山形藩主最上義光《もがみよしあき》が、心柱の底部が腐っていたのでこれを切り取って初重の床で止め、また九輪、覆鉢《ふくばち》、各重の軒先に下げる20個の風鐸《ふうたく》などを新たに鋳造するなど、大がかりな保存工事を行った。現在、五重塔には大国主命《おおくにぬしのみこと》が祀られているが、これは近代になってからで、以前は聖観音《しょうかんのん》を本尊としていた。

◎旧済生館本館《きゅうさいせいかんほんかん》

山形市の霞城公園《かじょうこうえん》内にある。明治時代前期の病院。ほかに類を見ない特異な外観と平面プランの擬洋風建築で、1878年に山形城の旧三の丸大手門跡（七日町口）に県立病院として建てられた。初代山形県令（知事）となった薩摩藩出身の三島通庸《みしまみちつね》が、建築掛《けんちくがかり》の筒井明俊《つついあきとし》に新しい病院の平面図を作成させ、原口祐之《はらぐちすけゆき》を大工棟梁にして建設が着工された。竣工した病院は済生館《さいせいかん》と名づけられた。三島は1880年9月に、オーストリア人医師アルブレヒト・フォン・ローレツを済生館の医学校教頭として招いたが、1882年に三島が福島県令に転任すると、ローレツも故国へ帰国した。済生館は経営困難となって1888年に私立の病院、1904年に山形市立病院となった。1961年に施設近代化のため建物の廃絶となったが、反対の声があがり、保存の陳情や要望が山形市に提出された。調査の結果保存となり、現在地に移築されて、1971年に山形市郷土館として開館した。

三重4階建の木造の楼建築で、1階は前半部を八角形にし、後半部にドーナツ状の棟が接続する。正面1階左右に2本ずつ円柱が立ち、中央にはステンドグラスのアーチ欄間付扉《らんまつきとびら》がある。2、3階にはバルコニーが張り出し、4階には手すり付きの回縁《まわりえん》が設けられている。後半部は中庭を囲む14角形となっていて各辺に小室があり、中庭に面して1間の廊下が回る。奇抜な外観と複雑な平面プランは、近代化が始まった頃の洋風建築に対する見方を示している。

◎山形県旧県庁舎《やまがたけんきゅうけんちょうしゃ》および県会議事堂《けんかいぎじどう》

山形市にある。大正時代の官公庁舎。1876年に山形県が成立し、翌年の1877年に県庁舎、1883年に県会議事堂が建設された。しかし1911年5月の山形市北大火によって両棟とも焼失した。そこでイギリス人建築家コンドルの弟子である田原新之助によって、イギリス・ルネサンス様式を基調とする県庁舎と県会議事堂が設計され、1916年に竣工した。県庁舎は3階建レンガ造で、正面中央に玄関ポーチ、屋上に時計塔がそびえる。中庭をめぐって四周する長方形の近代的庁舎である。県会議事堂もレンガ造で一部2階建である。1923年の関東大震災以降、防災の観点からレンガ造建物の建造は激減した。旧県庁舎および県会議事堂は、残存する数少ないレンガ造公共建造物として貴重である。

☞そのほかの主な国宝 / 重要文化財一覧

	時代	種別	名　称	保管・所有
1	縄　文	考古資料	◎彩漆土器《さいしつどき》／押出遺跡出土《おんだしいせきしゅつど》	うきたむ風土記の丘 考古資料館
2	飛　鳥	彫　刻	◎銅造如来立像《どうぞうにょらいりゅうぞう》	湯殿山総本寺大網大日坊
3	平　安	絵　画	◎絹本著色毘沙門天像《けんぽんちゃくしょくびしゃもんてんぞう》	上杉神社
4	平　安	絵　画	◎紫綾金泥両界曼荼羅図《しりょうきんでいりょうかいまんだらず》	上杉神社
5	平　安	彫　刻	◎木造阿弥陀如来坐像《もくぞうあみだにょらいざぞう》(阿弥陀堂安置)	本山慈恩寺
6	平　安	彫　刻	◎木造騎獅文殊菩薩及脇侍像《もくぞうきしもんじゅぼさつおよびきょうじぞう》	本山慈恩寺
7	平　安	彫　刻	◎木造慈覚大師頭部《もくぞうじかくだいしとうぶ》	立石寺
8	平　安	古文書	◎紙本墨書東大寺庄園文書目録《しほんぼくしょとうだいじしょうえんもんじょもくろく》	慈光明院
9	鎌　倉	彫　刻	◎木造十二神将立像《もくぞうじゅうにしんしょうりゅうぞう》	本山慈恩寺
10	鎌　倉	古文書	◎藤原定家筆消息《ふじわらのていかひつしょうそく》	本間美術館
11	鎌倉～江戸	古文書	◉上杉家文書《うえすぎけもんじょ》	米沢市上杉博物館
12	室　町	工芸品	◎能装束《のうしょうぞく》（紅地蜀江文黄緞狩衣《べにじしょっこうもんおうどんかりぎぬ》)	黒川能上座
13	安土桃山	歴史資料	◎越後国頸城郡絵図《えちごのくにくびきぐんえず》	米沢市上杉博物館
14	桃　山	絵　画	◎紙本著色遊行上人絵《しほんちゃくしょくゆうぎょうしょうにんえ》 (伝狩野宗秀筆《でんかのうそうしゅうひつ》)	光明寺
15	江　戸	絵　画	◎紙本淡彩奥《しほんたんさいおく》の細道図《ほそみちず》（与謝蕪村筆《よさぶそんひつ》)	山形美術博物館
16	中国／南宋	書　跡	◎禅院額字《ぜんいんがくじ》（潮音堂《ちょうおんどう》)	致道博物館
17	朝鮮／高麗	絵　画	◎絹本著色阿弥陀三尊像《けんぽんちゃくしょくあみださんぞんぞう》	上杉神社
18	室町中期	寺　院	◎立石寺中堂《りっしゃくじちゅうどう》	立石寺
19	室町後期	寺　院	◎旧松應寺観音堂《きゅうしょうおうじかんのんどう》	若松寺
20	桃　山	神　社	◎金峯神社本殿《きんぽうじんじゃほんでん》	金峯神社
21	江戸前期	寺　院	◎本山慈恩寺本堂《ほんざんじおんじほんどう》	本山慈恩寺
22	江戸中期	民　家	◎旧尾形家住宅《きゅうおがたけじゅうたく》（上山市下生居《かみのやまししもなまい》)	上山市
23	江戸後期	民　家	◎旧矢作家住宅《きゅうやはぎけじゅうたく》 (旧所在　新庄市萩野《しんじょうしはぎの》)	新庄市
24	明　治	学　校	◎旧山形師範学校本館《きゅうやまがたしはんがっこうほんかん》	山形県
25	明　治	官公庁舎	◎旧西田川郡役所《きゅうにしたがわぐんやくしょ》	致道博物館

城　郭

山形城東大手門

地域の特色

出羽国の南側が山形県で、奥羽山脈と出羽丘陵、最上川により大きく庄内地方と内陸地方に二分される。歴史的に置賜《おきたま》・村山・最上《もがみ》・庄内の4地域に分けられる。

古代には出羽留守所として新田目城が築かれていたといわれ、出羽国府は、羽黒の平形に置かれていた。源頼朝の奥羽支配は関東武士の出羽進出を促し、多くの居館が山形県内に築かれた。大江氏の寒河江《さがえ》城、武藤氏の大宝寺城は鎌倉時代の居館がその後も利用され改築大型化した城である。南北朝期から室町期にかけては南朝方の藤島城の合戦が著名で、足利一門の斯波《しば》氏が山形城に入り、最上氏の祖となった。山形城を中心として最上氏は天童・黒川・高擶《たかたま》・蟹沢・大窪・楯岡の各城に庶子を配した。これらが後に長谷堂城を中心とする「最上四十八館」を形成した。最上一族の天童・鷹巣・上山の各城、さらに里見氏の東根城なども、代表的な堅固な城郭であった。

武藤氏は鶴ヶ岡の大宝寺城、酒田の東禅寺城、尾浦城を築いて、庄内地方に大きな勢力を形成、小国氏は小国城に拠った。伊達氏は米沢城を中心に置賜地方に勢力を伸ばし、多くの伊達一族と有力家臣に城館を築かせた。その代表的なものに、片倉氏の小桜城、原田氏の小松原田城・二色根城・高畠城・鮎貝城・荒砥《あらと》城がある。

荘内一揆の舞台ともなった最上地方には庭月氏の庭月城、鮭延《さけのべ》氏の真室城、日野氏の新庄城などが知られる。

江戸時代には、山形・米沢・上山・松嶺・新庄・鶴ヶ岡・亀ヶ崎の七城が城郭で、高畑・左沢・天童・長瀞には陣屋が置かれた。山形城に最上氏、上山《かみのやま》城は能見松平・蒲生《がもう》氏・土岐《とき》氏・金森《かなもり》氏・藤井松平氏らが入城。松《まつ》嶺《みね》に酒井氏、新庄城に戸沢氏、米沢城に上杉氏、鶴ヶ岡城に酒井氏が入城していた。鶴岡市の丸岡城には、加藤清正の子忠広が配流になり入城した。

主な城

山形城《やまがた》

別名 霞ヶ城、霞城　所在 山形市霞城町　遺構 石垣、堀、土塁、復元東大手門、同南大手門ほか　史跡 国指定史跡

南北朝の頃、出羽一円には大江氏をはじめ南朝に味方する豪族がかなりいたため、足利尊氏は彼らの蜂起を恐れ、斯波兼頼を出羽探題として派遣した。そこで兼頼が正平11（1356）年、最上郷金井庄に築いたのが後の山形城である。

兼頼は斯波姓を廃して最上氏と名乗り、地名も山形と改めた。以後、最上氏の勢力は着々と進展、中央の動向にも敏感で、秀吉の小田原攻めの際には秀吉に従った。家康の権勢が強くなると子を差し出し、関ヶ原の戦いには徳川方につき、会津の上杉景勝に対しても伊達政宗とともに攻撃を仕掛けている。こうして、12代最上義光《よしあき》は、24万石から一挙に57万石の大身に取り立てられるに至った。ここに義光は、いわゆる最上四十八館の支城を配する。しかし、最上氏も、義光の孫義俊に至って家臣の不和から改元和8（1622）年易処分を受け、後にはわずか5千石の交代寄合となった。

最上氏改易の後は、鳥居忠政が24万石で入ったが、以後、城主は次々と替わって12氏に及び、幕府の直轄地時代が二度もあるという変遷ぶりを経て所領も激減し57万石からついには5万石の大名の居城になっている。

米沢城《よねざわ》

別名 舞鶴城、松岬城　所在 米沢市丸の内　遺構 土塁、堀

米沢に初めて城を築いたのは鎌倉幕府の実力者大江広元の次子時広で、おそらく地頭となってこの地に来た暦仁元（1238）年頃だろうと推定される。米沢の大江氏は8代広房まで続くが、天授6（1380）年伊達宗遠に滅ぼされ、以後、伊達氏が城主となった。

伊達政宗に至って、秀吉により岩出山に移され天正19（1591）年、蒲生氏が後を継いだ。米沢城には3万5千石の蒲生郷安が入ったが、7年後の慶長2（1597）年には宇都宮に移封されている。

越後から上杉景勝がやってきた。会津120万石の大々名で、米沢城には、重臣直江山城守兼続《かねつぐ》が30万石で入った。さらに関ヶ原の戦いで会津はとりあげられ、以後、上杉氏が米沢城主となる。

上杉景勝は慶長13（1608）年兼続に縄張をさせて城の修理と拡張を行い、

同18（1613）年に完成したが、天守はあげず、2基の三層櫓が代用され、建物は全体に質素なものであった。

藩財政を建て直したのは9代目藩主治憲（鷹山）であるが、努力のかいあって藩運は挽回し、天明の大飢饉にも領内からは一人の餓死者も出さなかったという。なお、4代目藩主綱憲は、元禄忠臣蔵で名高い吉良義央の長子で、上杉家の養子となった人である。城は明治6（1873）年に壊され、跡地は今日、公園である。

寒河江《さがえ》城

別名 最上寒河江城　所在 寒河江市丸の内　遺構 堀の一部

この地方には、往時蝦夷に対する柵が設けられたが、鎌倉時代の文治5（1189）年になって大江広元が地頭に任ぜられた。広元自身は下向しなかったが、後に長子の親広がこの地に館を築いて寒河江氏を称し7代時茂に至って寒河江城を築城した。

当時寒河江大江氏は6万余石を領し、出羽では最上氏に次ぐ勢力をもち、南北朝時代には南朝方に属した。天正12（1584）年6月、最上軍と中野原に戦って敗れ、寒河江大江氏の正統は滅亡した。その後、上杉景勝の重臣直江兼続に攻め落とされた。関ヶ原の戦いの後、再び最上氏に属した。最上氏改易後は鳥居氏の領地となったが、3代忠恒が無嗣だったため没収、天領となり、寛永13（1636）年、廃城になった。

鶴《つる》ヶ岡《おか》城

別名 大宝寺城、大梵寺城　所在 鶴岡市馬場町　遺構 堀、土塁、石垣、藩校

この地に最初に城を築いたのは、戦国時代の武藤氏である。武藤氏は、鎌倉権五郎の末裔であるが、戦国時代には、勇将武藤義氏が出た。当時は山形庄内地方も弱肉強食の場で、藤島の横山大膳が丸岡の押切備前守を滅ぼしたが、その大膳を義氏が倒し、ここに初めて、武藤氏が庄内地方の統一に成功するのであるが、やがて最上氏などとの争いの中滅んだ。

関ヶ原の戦いの後、徳川方についた最上義光は、その功で庄内地方を与えられると、この城に目を付け、それまで大宝寺城と呼ばれていたのを鶴ヶ岡城と改名した。鶴ヶ岡の名は酒田の亀ヶ崎城に対応させたものだという。その最上家も、義光以後三代で改易。その後は、信州の松代から、酒井家が移ってきた。こうして鶴ヶ岡城は、3代酒井忠勝から、13代忠篤まで、11代200余年間、酒井氏の居城となり明治を迎えた。

新庄城《しんじょう》 別名 沼田城、鵜沼城 所在 新庄市堀端町 遺構 土塁、堀

新庄は元、新城と表し、中世から土豪の居館が存在した。天正7〜8（1579〜80）年頃には日野有祐が領していたが、最上義光の庄内平定以後は、最上氏の一族日野将監の居館となった。

最上氏改易（元和8〈1622〉年）の後、山形には鳥居忠政が封ぜられたが、新庄には戸沢右京亮政盛が6万8千石で着任、はじめ真室川村にいたが手狭なため当地に新たに築城、縄張りは鳥居忠政があたる。当地は、羽州街道の要地にあるため、築城は小規模ながら堅城であった。

寛永年間（1624〜44）火災のため二度も焼失し、ついに天守は再建されなかった。そして、維新戊辰戦争の際、いったん奥州列藩同盟に加わり後に官軍についたため庄内藩に攻められ、城内外すべてを焼失した。

亀《かめ》ヶ崎《さき》城 別名 東禅寺城、沼田城 所在 酒田市亀ケ崎町 遺構 土塁

この城は、2度移転したと伝えられている。最初は最上川の対岸、現在の宮の浦にあり、行政の中心地の移動に伴い川北の旧大町村に移転したが、水害がひどいため再度移転された。現在、城址には県立酒田東高校が建ち、土塁の一部を残すが跡形もない。

往時は東禅寺城と称し、文明年間（1469〜87）、武藤氏によって始築されたという。のち戦国時代に入ると、沃野と港をもつ庄内は群雄の垂涎の的となり、ついに慶長6（1601）年、山形城主最上義光の手に落ちた。最上軍は、秋田由利をはじめ近隣の豪族らの援軍を得て総勢2万、城を守る酒田軍は志田修理亮義秀以下わずか2千、水陸両面から攻められて落城したが、市中の激戦は阿鼻叫喚の巷を現出したという。

天童城《てんどう》 別名 舞鶴城、天童古城 所在 天童市天童

城址は、天童市の温泉街にほど近い舞鶴山にあり、千布の八幡山、越王山とともに、最上三森の一つと称される要害。城は、山頂に本丸を置き四方の山腹に支館を配置し、しかも大手門は最も険しい場所に設けて敵を防ぎ止めたが、それぱかりか、城の周囲に多くの寺院を連ねて、いざという場合は衆徒の力も借りたようである。

南北朝の頃、北畠親房の一族北畠天童丸がこの城に拠り、大江氏らと共

同して足利勢に対抗したが、同盟軍の崩壊と中央での南北統一の動向に促されて斯波（最上）氏と和睦、この地を去った（文中年間（1372～75））。次いで、最上氏2代直家の二男、天童頼直の居城となり、江戸時代に入って文政12（1829）年以後は織田信美《のぶかず》の本拠となった。

戦国大名

山形県の戦国史

戦国時代に米沢を本拠とした伊達氏は、本来は陸奥国伊達郡（福島県）の武士だが、鎌倉時代にはすでに置賜地方にその支配地を伸ばしており、9代政宗の墓所は高畠町の竹ノ森にある。大永2年（1522）伊達稙宗が陸奥守護となり、大崎氏による支配体制を覆した。その後、稙宗・晴宗父子が対立、この内訌を制した晴宗は天文17年（1548）に米沢城を本拠として移り住み、弘治元年（1555）には奥州探題となった。また、次第に伊達・信夫出身の宿老が減少し、子輝宗以降は置賜出身者が伊達家臣中でも重要な地位を占めるようになった。

一方、羽州管領をつとめた斯波氏は次々と庶子家を輩出して県内各地に根を張り、嫡流は最上氏を称した。天正2年（1574）当主の義光に対して、父義守が女婿伊達輝宗や庶流の天童氏らと結んで挙兵した天正最上の乱を機に、義光は伊達氏の影響下から脱し戦国大名に脱皮した。義光は白鳥氏、寒河江氏、天童氏などを次々と滅ぼして庄内を統一、さらに新庄まで支配下に置いた。

鎌倉時代初期に田川郡大泉荘（鶴岡市付近）の地頭となった武藤頼平の子孫は大宝寺城に拠って大宝寺氏となり、寛正3年（1462）には淳氏が出羽守に任じられている。天正11年（1583）最上義光に従う国衆に攻められて義氏が自刃。跡を継いだ弟の義興は上杉氏家臣の本庄繁長の二男義勝を養子に迎えて対抗したが最上義光に敗れて一旦滅亡した。その後、養子の義勝が大宝寺氏を継ぎ、実父本庄繁長とともに庄内を回復している。

天正18年（1590）豊臣秀吉の小田原攻めには伊達政宗、最上義光ともに遅参したものの許され、政宗は陸奥国玉造郡（宮城県）に転封、代わりに米沢には蒲生氏郷が入封した。前年に上洛していた大宝寺氏は存続したものの、文禄元年（1592）庄内一揆の鎮圧に失敗して所領を没収された。

主な戦国大名・国衆

鮎貝氏《あゆかい》　出羽国置賜郡の国衆。平安時代末期、藤原北家山陰流の安親が奥州藤原氏を頼って下向して横越（西置賜郡白鷹町横田尻）に居館を構えたのが祖といい、横越館跡が残る。成宗のとき鮎貝城（白鷹町鮎貝）を築城、以後鮎貝氏を称した。天正15年（1587）宗重・宗信父子間に内訌が起こり、これに伊達政宗が介入して宗信が討たれ、国衆としては滅亡した。宗重は伊達政宗のもとに逃れ、子孫は仙台藩士となった。

池田氏《いけだ》　出羽国田川郡の国衆。平安末期、池田源三郎快光は平頼盛に仕えていたが、源平合戦後庄内に落ちてきたという。建武年間（1334～38）頃に朝日山城（酒田市）を築城、代々朝日山城に拠り、池田讃岐守は天正18年（1590）上杉氏の検地に反抗して一揆に与したが敗れた。

寒河江氏《さがえ》　出羽の戦国大名。大江広元が鎌倉幕府から村山郡寒河江荘（寒河江市・西村山郡河北町）を拝領したのが祖。広元は舅の多田仁綱を目代として寒河江荘に派遣し、地頭職は嫡子親広に譲った。5代元顕の頃に寒河江に入部、8代時氏のときから寒河江氏を称した。室町時代には左沢《あてらざわ》氏、高屋氏など庶流を次々と出す一方、伊達氏や最上氏と対立した。戦国時代初期には伊達氏に属していたが、やがて離反して最上氏に従った。その後、最上氏の内訌に巻き込まれて寒河江一族も分裂、天正12年（1584）嫡流は最上義光に討たれて滅亡した。

鮭延氏《さけのべ》　出羽国最上郡の国衆。宇多源氏佐々木氏の庶流。室町時代出羽に下向して小野寺氏に従った。戦国時代に鮭延城（最上郡真室川町）を築城。天正9年（1581）秀綱のときに最上義光に敗れ、以後は最上氏に属して最上郡北部を支配した。元和8年（1622）に最上家が改易となると、秀綱は老中土井利勝に預けられ、許されたのちはそのまま古河藩士として土井家に仕えた。

白鳥氏《しらとり》　出羽国最上郡の白鳥城（山形市白鳥）城主。出羽国小田島荘白鳥郷（村山市）の出というが出自は不詳。南北朝時代に白鳥城を築いたという。城北部の宮下集落には宝篋印塔《ほうきょういんとう》などが残る。戦国時代、長久は最上氏に属する一方、織田信長に馬を献上するなど、独自の外交活動も行っていた。永禄年間、谷地（西村山郡河北町）に移り、天正12年（1584）最上義光に討たれて（謀殺ともいわれる）滅亡した。

大宝寺《だいほうじ》氏　出羽国田川郡の戦国大名。藤原北家。源頼朝に仕えた武藤資頼が奥州攻めで功をあげて大泉荘の地頭に補せられたのが祖。資頼はのちに九州に転じ、弟の氏平が大泉荘を継いで大泉氏となった。南北朝時代に長盛が大宝寺城（鶴岡市大宝寺）に移って大宝寺氏を称し、庄内地方を支配した。室町時代前期の教氏・淳氏・建氏の3代は斯波家からの偏諱《へんき》とみられる他、政氏・澄氏父子は足利将軍家（義政・義澄）からの偏諱の可能性もあるなど、幕府と密接な関係を持っていたとみられ、寛正3年（1462）には淳氏が出羽守に任じられている。天正11年（1583）義氏は最上義光に従う国衆に攻められて自刃。跡を継いだ弟の義興は上杉氏家臣の本庄繁長の二男義勝を養子に迎えて対抗したが、同15年最上義光に敗れて自刃し一旦滅亡した。その後、養子の義勝が大宝寺氏を継ぎ、実父本庄繁長とともに庄内を回復したものの、文禄元年（1592）庄内一揆の鎮圧に失敗して豊臣秀吉によって改易された。

高楯《たかだて》氏　出羽国村山郡の国衆。清和源氏斯波氏の一族で、天童頼直の子満長が高楯城（東村山郡山辺町）を築城したのが祖。最上氏に属した。永正11年（1514）伊達稙宗に敗れて落城したが、享禄2年（1529）義忠が奪還。天文4年（1535）には近くの天神森に上山城（月岡城、上山市鶴脛町）を築いて、上山氏を称した。天正8年（1580）満兼のときに滅亡。

高玉《たかたま》氏　出羽国置賜郡の国衆。永正年間（1504～21）に鮎貝盛宗が高玉城（西置賜郡白鷹町高玉）を築城、次男茂平が拠って高玉氏を称したのが祖という。同地は高擶・高楡とも書かれ、高玉氏も高楡氏ともいう。4代で滅亡したといわれる。

寺津《てらづ》氏　出羽国村山郡の国衆。近江国出身という。寺津城（天童市寺津）

に拠り、代々甲斐守を称して、最上氏に仕えた。天正12年（1584）、最上氏と天童氏の争いに際して、秀清は天童氏方に与した最上氏によって滅ぼされた。

天童氏《てんどう》　出羽の戦国大名。清和源氏斯波氏の一族で、最上直家の二男頼直が出羽国村山郡天童（天童市）を領して天童氏と称したのが祖とされるが、本来は成生《なりゅう》荘（天童市）地頭の新田庶流里見氏で、頼直は里見氏の養子となって継ぎ、のち天童氏を称したともいう。室町時代には天童周辺に割拠する国人層「最上八楯」の盟主でもあった。代々最上氏に属していたが、やがて独立性を保つようになり、天正12年（1584）頼久が最上義光の国衆層掃討に敗れて落城、頼久は自害して滅亡した。

中山氏《なかやま》　出羽国村山郡の国衆。藤原姓。鎌倉時代に大江親広に従って寒河江荘（寒河江市）に入部した中山忠義が祖。谷木沢楯（東村山郡中山町）に住んで代々大江氏に従った。戦国時代には自立して国衆となり、玄蕃のときに最上義光の重臣となる。

最上氏《もがみ》　出羽の戦国大名。清和源氏斯波氏の一族。延文元年（1356）斯波家兼の二男兼頼が出羽国最上郡に入部したのが祖。翌年には山形城を築城し、以後山形城を拠点に北朝方で活躍、やがて最上氏を称するようになったというが、『余目氏旧記』に「山形殿」とあるなど、当初は山形氏を称していたともされる。天正2年（1574）当主の義光に対して、父義守が女婿伊達輝宗や庶流の天童氏らと結んで挙兵（天正最上の乱）、結局和睦したものの、以後義光は伊達氏の影響下から脱し、戦国大名に脱皮した。義光は同12年（1548）には白鳥氏、寒河江氏、天童氏などを次々と滅ぼして庄内地方を統一、同18年（1590）の豊臣秀吉の小田原攻めには遅参したものの、徳川家康の執り成しで事なきを得た。

谷柏氏《やがしわ》　出羽国村山郡の国衆。「箭柏」とも書く。谷柏館（山形市）に拠って代々相模守を称した。とくに最上義光に仕えた谷柏相模守直家が著名で、天正2年（1574）最上義光と伊達輝宗の和解の際には義光の名代として出席している。

名門／名家

◎中世の名族

最上氏《もがみ》

出羽の戦国大名。清和源氏斯波《しば》氏の一族。1356（延文元）年斯波家兼の二男兼頼が出羽国最上郡に入部したのが祖。翌年には山形城を築城し、以後山形城を拠点に北朝方で活躍。当初は山形氏を称し、やがて最上氏を名乗るようになったという。

戦国時代、義光《よしあき》は天童氏、庭月氏、東禅寺氏などを次々と滅ぼして庄内地方を統一、1590（天正18）年の豊臣秀吉の小田原攻めには遅参したものの、徳川家康のとりなしで事なきを得た。

関ヶ原合戦では東軍に属して上杉氏と戦い、戦後その功により山形で57万石に加増された。1617（元和3）年2代家親が急死、12歳で3代目を継いだ義俊は内政をまとめられず、酒食におぼれた義俊を擁護する一派と、義俊の叔父に当たる山野辺義忠に分裂。22（同8）年に幕府は山形藩を取りつぶして、義俊には近江・三河で1万石を与え、義俊は近江大森（滋賀県東近江市蒲生）に陣屋を置いて大森藩を立藩した。

31（寛永8）年義俊が26歳で死去、跡継ぎの義智はわずか2歳であったことから近江国で5000石に減知となり、95（元禄8）年高家に列した。のち交代寄合となる。維新後、義運は朝廷に仕えた。

47代目当主公義は最上義光歴史館開館に際して最上伝来の資料類を寄託、後山形市に寄贈した。

◎近世以降の名家

秋野家《あきの》

田川郡加茂村（鶴岡市）の豪商。元は安芸国の厳島神社の神官で、秋野新右衛門光忠が福島正則に仕え、その断絶後、庄内に転じたという。

代々新右衛門を襲名し、2代目の宗閑の時に豪商となった。江戸時代末期には「竹葉酒」と銘して酒造業も始める。惇蔵は明治末から大正にかけて加茂町長を14年間つとめた。

また宗閑の二男茂右衛門は分家し、子孫は庄内屈指の大地主となった。

この他、浜田村（酒田市）で加茂屋と号して米商と廻船問屋をつとめた秋野家も分家である。

鐙谷《あぶみや》家

酒田湊（酒田市）の豪商。廻船問屋で鐙屋と号した。元は池田氏で、代々酒田で米問屋を営んでいた。慶長年間（1596～1615）に最上義光より鐙屋の屋号を賜り、井原西鶴の「日本永代蔵」で広く紹介された。1807（文化4）年に鐙谷を名字とした。復元改修された旧鐙屋は国指定史跡として公開されている。

伊藤《いとう》家

置賜郡岩倉村（飯豊町）の旧家。戦国時代は最上氏の家臣で、伊藤豊後は1600（慶長5）年の出羽合戦に際して家来18人を連れて最上陣に出陣、八沼（朝日町）で主従ともども討死している。豊後の子日向が100石を与えられて岩倉村に住み、会津境口留番所を預かる一方、中津川郷の里漆の改役、白川の支配などに任じられた。また、飯豊山麓の風穴（氷室）から取った氷を毎年6月1日に藩邸に差し出す献上役も兼務していた。

上杉《うえすぎ》家

米沢藩主。越後上杉氏の子孫。上杉謙信は春日山城に拠って、越後・越中・能登・加賀・飛騨・上野を支配した。子景勝は豊臣秀吉の五大老の一人となり、会津若松で120万石を領した。

関ヶ原合戦の際西軍に属し、1601（慶長6）年出羽米沢30万石に減転となる。さらに64（寛文4）年世子がないまま綱勝が死去、吉良義央の長男綱憲が末期養子となって相続したが15万石に減封となった。そのため、多数の家臣を抱えて貧困に苦しみ、藩政改革で有名な上杉治憲（鷹山）を生んだ。幕末1万石を加増されたが、奥羽越列藩同盟に参加したため、1868（明治元）年14万石に減知となっている。84（同17）年茂憲の時に伯爵となる。

上杉《うえすぎ》家

米沢新田藩主。上杉綱憲の四男勝周《かつちか》が1719（享保4）年兄吉憲から領内の新田1万石を分知されて米沢新田藩を立藩したのが祖。藩庁は米沢城内にあり、1万石も蔵米で支給されていた。1869（明治2）年勝道は所領を本藩に返上、84（同17）年勝賢の時に子爵となった。

織田《おだ》家　天童藩主。織田信長の末裔。信雄の四男信良は1616（元和2）年2万石を分知され、翌年上野小幡藩に入封した。1767（明和4）年出羽高畠を経て、1830（天保元）年出羽天童に転じた。84（明治17）年信敏の時に子爵となる。信敏の跡を継いだ信恒は織田小星《しょうせい》という名で漫画家としても知られ、「アサヒグラフ」に連載した「正ちゃんの冒険」が大人気となって、正ちゃん帽が流行した。

小野田《おのだ》家　鶴岡城下（鶴岡市）の豪商。戦国時代は武藤氏に、その後は最上氏に仕え、1600（慶長5）年与八郎は上杉氏と戦った長谷堂の合戦で討死している。最上家の改易後、与四助は鶴岡に転じて、味噌・醤油醸造業を始めた。元禄時代に台頭した新興商人で、1704（宝永元）年に庄内藩が鶴岡町人5人に2万両を課した際には、初代吉右衛門が最多の6000両を受け、藩から20人扶持を支給され、帯刀も許された。

風折《かざおり》家　鶴岡城下（鶴岡市）で伊勢屋と号した米問屋の豪商。初代与次右衛門は伊勢国の出で、鶴岡で酒造業を営んでいたが、庄内藩主として酒井家が入部した際に、藩の蔵米を扱う御米宿を命じられ、以後代々与次右衛門を称して米問屋をつとめた。

風間《かざま》家　鶴岡城下（鶴岡市）の豪商。元は越後沢海《そうみ》藩士で、村上で商家となり、18世紀後半に出羽鶴岡に移住した。創業は1779（安永8）年と伝える。その後、鶴岡城下五日町（鶴岡市本町1丁目）で呉服・太物商として成功、庄内藩の御用商人となり、幕末には鶴岡きっての豪商に成長した。明治時代には貸金業となり、県内では本間家に継ぐ大地主でもあった。1896（明治29）年に7代目幸右衛門が建てた同家屋敷「丙申堂《へいしんどう》」は国指定重要文化財である。

酒井《さかい》家　鶴岡藩主。1590（天正18）年の関東入国で家次が下総臼井（千葉県佐倉市）で3万石を領したのが祖。家次は関ヶ原合戦後の1604（慶長9）

年に上野高崎5万石となり、16（元和2）年越後国高田10万石に入封。子忠勝の時信濃松代を経て、22（同8）年出羽鶴岡13万8000石に移り、1864（元治元）年には17万石に加増されたが、幕末官軍に抗して12万石に減知され、68（明治元）年大泉藩と改称した。84（同17）年忠篤の時に伯爵となる。

酒井家《さかい》　出羽松山藩（酒田市）藩主。酒井忠勝の三男忠恒が、1647（正保4）年墾田2万石を分知給されたのが祖。忠休が若年寄を長くつとめた功により、1779（安永8）年城主格となり、2万5000石に加増された。1884（明治17）年忠匡の時子爵となる。

地主家《じぬし》　鶴岡城下（鶴岡市）の豪商。祖五郎左衛門は三河国の出で、下総臼井（千葉県）で酒井氏に仕え、後酒井氏の庄内転封に従って鶴岡に移り、以後代々庄内藩の御用達をつとめた。江戸時代後期には土地を集積、鶴岡を代表する豪商となる傍ら、150石を知行する藩士にも取り立てられた。

鈴木家《すずき》　村山郡の笹谷街道関根宿（山形市）の本陣。同家の由緒書によると、1600（慶長5）年に上杉勢が出羽山形に進攻した際、最上義光へ加勢するために伊達政宗が笹谷峠を越えて関根に着陣した。この時鈴木刑部が直ちに最上氏に注進したので、その功によって17（元和3）年最上義俊の家督相続の際、国境警固のため召出され、往還の諸大名の旅宿の御用、ならびに他国通路の取り締まりを命じられ、知行30石と旗一流・鉄砲一挺・手《て》鑓《やり》などを与えられたという。問屋役・村名主も兼ねた。

竹俣家《たけまた》　米沢藩家老。越後国蒲原郡加地荘竹俣（新潟県新発田市）発祥。宇多源氏加地氏の一族。「たけのまた」ともいう。代々長尾氏に仕え、戦国時代、竹俣慶綱は上杉謙信の側近として活躍した。江戸時代は米沢藩家老となった。1753（宝暦3）年当綱は閉門処分となったが、61（同11）年新藩主上杉治憲（鷹山）に登用されて家老に復帰。以後、莅《のぞき》戸《ど》善政らと共に藩政改革を推進した。晩年は失脚したが、長男厚綱が跡を継いで家老となり、改革を続行した。

田中家《たなか》　田川郡大山村（鶴岡市大山）で大屋と号した豪商。清和源氏新田氏の末裔という。代々徳右衛門を称した。戦国時代上杉氏に仕えて庄内に入り、最上氏時代に大山村に移り住んだ。酒井氏の入部で大肝煎となる。代々年寄役をつとめ、一族から天明飢饉の折に窮民救済に尽くした田中正武や、その孫で「郷政録」32巻を残した田中政徳が出ている。

千坂家《ちさか》

米沢藩家老。室町時代から上杉氏に仕え、戦国時代は越後国蒲原郡の鉢盛山城（新潟県阿賀野市）に拠っていた。江戸時代には米沢藩江戸家老となり、3000石を知行した。兵部高治の残した『千坂兵部日記』は、米沢藩の15万石削減に関する貴重な資料として知られる。その子高房が「忠臣蔵」に登場する千坂兵部だが、実際には討ち入り前年に死去している。幕末に家督を継いだ千坂高雅は米沢藩大参事、石川県令、貴族院議員などを歴任した。

戸沢家《とざわ》

出羽新庄藩主。仙北地方の戦国大名戸沢氏の子孫。1590（天正18）年豊臣秀吉の小田原攻めが始まると、盛安は逸早く参陣したものの陣中で病没。弟の光盛が跡を継いで、角館4万4000石余りを安堵され、独立した大名として認知された。

関ヶ原合戦では東軍に属し、1602（慶長7）年常陸松岡藩（茨城県高萩市）4万石を立藩。22（元和8）年出羽新庄6万8200石に移る。江戸時代を通じて領内の新田開発・鉱山開発を推進、幕末の実高は10万石余りであった。1884（明治17）年正実の時に子爵となる。

芳賀家《はが》

鶴岡城下（鶴岡市）で古着・太物商を営んだ豪商。下野国の出で、後に三河国に移って酒井忠次の家臣となっていたが、高天神の合戦で負傷したため出羽鶴岡に転じて商家になったという。以後代々次郎右衛門を称して町年寄を世襲し、江戸中期までは鶴岡を代表する豪商だった。1820（文政3）年8代目次郎右衛門は帯刀を許されている。分家に治兵衛家がある。

本間家《ほんま》

酒田の豪商。相模本間氏の末裔。南北朝時代に本間季綱が越後から出羽庄内に移り、田川郡下川村（鶴岡市）に住んだのが祖。永禄年間に光重が酒田に移って商人となる。元禄年間頃、原光が新たに分家して新潟屋を創業し、豪商として成功、以来「本間様には及びもないが、せめてなりたや殿様に」と詠われた日本一の大地主として有名になった。

明治維新後も、本間家だけで酒田市の租税の四分の一を納めるほど羽振りが良かったが、戦後の土地解放政策などで没落した。現在は別荘が本間美術館として公開されており、当時の羽振りが窺われる。

松平家《まつだいら》

上山藩主。藤井松平氏の子孫。松平信一が1590（天正18）年の関東入国の際に下総国相馬郡布川で5000石を与えられたのが祖。関ヶ原合戦の功で常陸土浦3万5000石となり土浦藩を立藩。

3代信吉の母は徳川家康の異父妹で、信吉は1617（元和3）年上野高崎を経て、19（同5）年丹波篠山5万石に移る。さらに、忠国が播磨明石7万石、信之が大和郡山8万石に転じた。信之は85（貞享2）年老中となって下総古河9万石に加転。その子忠之は93（元禄6）年乱心のため所領を没収されたが、忠之の弟信通が備中庭瀬3万石を与えられて再興した。97（同10）年出羽上山に移った。1884（明治17）年信安の時子爵となる。

水野家《みずの》

山形藩主。刈谷城主水野信元の弟の忠守が1616（元和2）年下総山川（茨城県結城市）を立藩したのが祖。以後、駿河田中4万石、三河吉田4万5000石、45（正保2）年三河岡崎5万石を経て、1762（宝暦12）年肥前唐津6万石に転じた。

1812（文化9）年に唐津藩主を継いだ忠邦は藩政を改革、実収は20万石ともいわれる裕福な藩となっていたが、老中となるためにみずから工作して17（同14）年に遠江浜松6万石に移った。28（文政11）年には老中となって天保の改革を断行したが、45（弘化2）年失脚、嫡子忠精は出羽山形5万石に減転となった。維新後、70（明治3）年近江朝日山（滋賀県長浜市湖北町）に移り、84（同17）年忠弘の時に子爵となった。

米津家《よねきつ》

長瀞《ながとろ》藩（東根市）藩主。清和源氏土岐氏を称すが不詳。米津政信は家康に仕え、子康勝の子孫は1070石の旗本となった。康勝の弟田政は1604（慶長9）年町奉行となって5000石を領し、84（貞享元）年政武の時に武蔵久喜1万2000石に入封して諸侯に列した。以後、各地を転々として、1798（寛政10）年出羽長瀞に移る。明治維新後は常陸竜ヶ崎（茨城県龍ヶ崎市）に移った。1884（明治17）年政敏の時に子爵となる。

博物館

鶴岡市立加茂水族館
〈クラゲドリームシアター〉

地域の特色

面積は9,325平方キロメートルで全国第9位。北西部が日本海に面し、奥《おう》羽《う》山脈《さんみゃく》、出羽《でわ》丘陵《きゅうりょう》、朝日山地《あさひさんち》、飯豊山地《いいでさんち》など山地が広がる。ここから最《も》上川《がみがわ》が米沢《よねざわ》、山形《やまがた》、新庄《しんじょう》の盆地や庄内平野《しょうないへいや》を形成して日本海に注ぐ。江戸時代初期は上杉領の置賜地方《おきたまちほう》を除き、秋田県南部と併せ最上義光《もがみよしあき》の所領となり大きく発展する。最上氏が改易《かいえき》後は米沢・上山《かみのやま》・山形・鶴岡《つるおか》・新庄などの諸藩領と幕府領になる。最上川の舟運が盛んで内陸から米や紅花など特産品が港町酒田《さかた》へ運ばれ、酒田から北前航による西回り航路で特産物を京・大坂、江戸へ送っていた。酒田は国内有数の商都となり、日本一の大地主、本間家《ほんまけ》も登場する。

県の自然や幕藩体制のなごりから、県域は置賜、村山《むらやま》、最上、庄内の四つの地方があり、言葉や生活文化にもそれぞれ特徴がある。

こうした自然や文化の特性を踏まえ多彩な博物館がある。特に、旧荘内藩主第16代酒井忠良《さかいただなが》氏が寄付して1952(昭和27)年に開館した鶴岡市の致《ち》道博物館《どうはくぶつかん》は、日本一の地主本間家が設立した酒田市の本間美術館(1947(昭和22)年開館)とともに長く山形県の博物館を代表するものであった。71(昭和46)年には総合博物館である山形県立博物館が開館し県の中核的博物館として活動をしている。80(昭和55)年には山形県博物館連絡協議会(事務局:山形県立博物館)が発足し、総会や研修会を通じ博物館の職員の交流と資質向上を図っている。

主な博物館

山形県立博物館《やまがたけんりつはくぶつかん》　山形市霞城町(霞城公園内)

県の中核的総合博物館。山形城跡「霞城公園」にある本館の他、市内緑町の分館「教育資料館」、山辺町畑谷の「自然学習園」がある。

本館の第1展示室「豊かな自然とそのめぐみ」では、ヤマガタダイカイギュウの骨格模型やブナ林のジオラマなどを、第2展示室「山形の大地に刻まれた歴史」では、日本最大の土偶で国宝の「縄文の女神」や最上川の舟運の資料、パノラマ模型、いろりばたの再現など、第3展示室「近代山形くらしのうつりかわり」では、「街かどの風俗」「山形の郷土玩具」など、近代山形の文化を紹介している。

他に、山形を中心に内外の「岩石・鉱物・化石展示」の部屋、実物資料に触れることができる「体験広場」もある。

分館「教育資料館」の建物は、1901（明治34）年築の旧山形師範学校本館で国の重要文化財。内部に県の教育史の展示がある。

「自然学習園」は県民の森の中の琵琶沼とその周辺で、貴重な湿原と動植物の保存・活用を図っている。

致道博物館《ちどうはくぶつかん》　鶴岡市家中新町

旧鶴ヶ岡城の三の丸跡にある私立の人文系博物館。旧荘内藩主第16代酒井忠良《さかいただなが》氏が1950（昭和25）年に土地建物や所蔵品を寄付したことに始まる。館名は庄内藩校「致道館」に由来する。館内に貴重な資料が展示されているが、古い建物で構成された野外博物館ともいえる施設である。構内には藩主の隠居所の御隠殿、移築された西田川郡役所《にしたがわぐんやくしょ》、旧鶴岡警察署庁舎、旧渋谷家《しぶやけ》住宅（いずれも国の重要文化財）、土蔵「民具の蔵」などがある。所属する民俗資料のうち8件5,350点が国の重要有形民俗文化財に指定されてもいる。御隠殿《ごいんでん》の奥座敷から望む庭園もあり、国の名勝に指定されている。敷地内には鉄筋コンクリート造の美術展覧会場もあり、年十数回の美術系の特別企画展示を開催している。

分館的な施設として市内羽黒町《はぐろまち》の旧松ヶ開墾場《まつがかいこんじょう》内「松ヶ岡開墾記念館」、「庄内農具館」があり、幕末から明治への藩士の暮らしやかつての産業の様子を知ることができる。

米沢市上杉博物館《よねざわしうえすぎはくぶつかん》　米沢市丸の内

1238（暦仁元）年長井時広《ながいときひろ》が築城し、伊達《だて》・蒲生《がもう》・直江《なおえ》・上杉と城主が替わった米沢城跡の隣接地に設置された歴史博物館。演劇などを上演する置賜文化ホールとこの博物館で「伝国の杜」と称する複合施設になっている。常設展示は「江戸時代の置賜・米沢」を中心に構成され、とりわけ「成せばなる 成さねばならぬ 何事も」で有名な9代目米沢藩主上杉鷹山《うえすぎようざん》（治憲《はるのり》）の藩政改革については詳しく取り上げていて、ジオラマや映像を組み合わせドラマ仕立ての演出で鷹山の業績を伝える「鷹山シアター」もある。常設展内に「上杉文華館」と称するコーナがあり、国宝「上杉本洛中洛外図」（普通は複製、期間を区切って原本を展示する）と中世文書を中心とした国宝「上杉家文書」を展示している。

野外展示「置賜の庭」は地域特有の草木塔や身を清めるための建物である行屋《ぎょうや》、上杉鷹山にちなむ「かてもの（飢饉《ききん》の時に飢えをしのぐ食べ物）の園」や薬草園などで構成され、展望室から眺めることもできる。

鶴岡市立藤沢周平記念館《つるおかしりつふじさわしゅうへいきねんかん》　鶴岡市馬場町

藤沢周平（1927～97）は鶴岡市（旧黄金村）の出身の小説家。作品に登場する「海坂藩《うなさかはん》」は庄内藩と鶴岡がモデルといわれる。常設展示は導入部「『藤沢文学』と鶴岡・庄内」、東京から移築・再現した書斎もある「『藤沢文学』のすべて」、教員や業界紙記者など作家までの歩みや日常生活を紹介する「『作家・藤沢周平』の軌跡」の三部で構成されている。サロンでは著作の閲覧や「庄内弁」による作品の朗読を聴くこともできる。

鶴岡市立加茂水族館《つるおかしりつかもすいぞくかん》　鶴岡市今泉

50種以上のクラゲの展示で有名な水族館。入館者の減少に悩む地方の水族館がクラゲ類の展示を特化させ全国から人が来るようになった。新しい建物は〝波間に漂うクラゲ〟をイメージし「クラゲドリーム館」と称している。クラゲが有名だが、地元庄内の淡水魚・海水魚を上流から海中へたどる展示、アシカ、アザラシをショー形式で学ぶ「ひれあし広場」、野生のウミネコに餌《えさ》やりができる「ウミネコスポット」など充実している。

斎藤茂吉記念館《さいとうもきちきねんかん》　上山市北町

上山市（旧南村山郡金瓶村《みなみむらやまぐんかなかめむら》）出身の歌人・精神科医斎藤茂吉の記念館。第二次世界大戦末に疎開していた茂吉もよく足を運んだ蔵王連峰《ざおうれんぽう》を望む「みゆき公園」の中にあり、茂吉の「箱根山荘の勉強部屋」も移築、公開している。

常設展示は「茂吉の作歌姿勢」「医学者茂吉」「茂吉の書画」など8テーマで構成され、原稿や遺品などが展示されている。「斎藤茂吉とその時代」を上映する映像展示室がある。記念館の創立・運営に努力した守谷《もりや》夫妻の記念室は企画展示室として活用されている。

河北町《かほくちょう》紅花《べにばな》資料館《しりょうかん》　西村山郡河北町《かほくちょう》谷地戊《やちぼ》

江戸時代、河北町では特産の「最上《もがみ》紅花」を栽培、加工し紅餅（花餅）として出荷し、口紅や染料として使われた。この紅花の資料館で、富豪堀米家の屋敷の寄贈を受けて1984（昭和59）年に開館。紅花の生産、流通、製品などを展示する紅の館、紅染めが体験できる工房、紅花畑などがある。武器や生活用品、古文書など5千点も保存している。

出羽三山《でわさんざん》歴史博物館《れきしはくぶつかん》　鶴岡市羽黒町手向

出羽三山とは羽黒山《はぐろさん》、月山《がっさん》、湯殿山《ゆどのさん》の総称で、修験道の山として知られている。この博物館は出羽三山神社の施設で、1915（大正4）年宝物館として設立され、52（昭和27）年博物館法の指定を受けたものである。常設展示では国指定重要文化財の鏡池出土古鏡、国重要美術品の太刀銘月山や「法螺」「笈《おい》」「補任状《ぶにんじょう》」など修験道の法具を展示している。

山形県郷土館《やまがたけんきょうどかん》「文翔館《ぶんしょうかん》」　山形市旅篭町

1916（大正5）年竣工の英国近世復興様式を基調とした旧県庁舎および県会議事堂の建物を整備保存し、県民の郷土への理解を深め、また県文化の振興を図るための施設として95（平成7）年に開館。建物は国の重要文化財。「最上川は語る」「山形の文学」など郷土についての常設展示コーナーの他、県民が利用できるギャラリー、会議室、ホールがある。

天童市将棋資料館《てんどうししょうぎしりょうかん》　天童市本町

国内の将棋駒の9割以上を生産する将棋のまちのシンボルとして1992（平成2）年に開館。常設展示は将棋のルーツ、日本への伝来、世界の将棋・チェス、駒の制作、将棋長屋、天童と将棋の歴史、天童とタイトル戦、駒工人の数々の駒の各コーナーで構成している。

名　字

〈難読名字クイズ〉
①五十公野／②泉妻／③衣袋／④烏兎沼／⑤丸藤／⑥来次／⑦工平／⑧色摩／⑨傿俔／⑩情野／⑪東松／⑫二藤部／⑬明日／⑭花鳥賊／⑮無着

◆地域の特徴

山形県は、秋田県に次いで佐藤さん率の高い県で、人口比では7％強。県北部の真室川町のように人口の2割が佐藤さんというところもある。

2位の高橋は佐藤の半分ほどしかないが、それでも人口比3.6％にもなり、他県なら1位でもおかしくはない。さらに3位鈴木、4位斎藤まですべて3％を超えている。これらに5位伊藤と6位阿部を合わせると、県人口の2割を超えてしまう。

10位の五十嵐は新潟県三条市にあった地名がルーツで、北陸と東北南部に集中している。ルーツの新潟県では「いからし」と濁らないことが多いが、山形県では「いからし」と「いがらし」に分かれる。

13位の武田は人口比では山形県が日本一多い。15位の奥山も珍しい名字ではないが、県単位で50位以内に入っているのは全国で山形県だけ。17位の本間も新潟県と山形県に集中している名字だが、ルーツは神奈川県厚木市の地名。山形県に多い名字は隣の新潟県と共通するものが多く、また

名字ランキング（上位40位）

1	佐藤	11	遠藤	21	工藤	31	菊地
2	高橋	12	渡部《わたなべ》	22	木村	32	太田
3	鈴木	13	武田	23	今野	33	富樫
4	斎藤	14	菅原	24	吉田	34	石川
5	伊藤	15	奥山	25	池田	35	大場
6	阿部	16	小林	26	庄司	36	小松
7	渡辺	17	本間	27	三浦	37	梅津
8	加藤	18	井上	28	佐々木	38	早坂
9	後藤	19	松田	29	田中	39	渋谷《しぶや》
10	五十嵐	20	山口	30	小野	40	横山

県外の地名をルーツとするものも多い。19位の松田は全国最高順位である。

41位以下では、48位東海林《とうかいりん》、57位清野、63位土田、65位安孫子《あびこ》、83位柏倉、86位沼沢、90位寒河江、95位今田《こんた》あたりが独特。とくに、安孫子と寒河江は全国の半数以上、柏倉は半数近くが山形県に集中している。

48位の東海林の読み方は「しょうじ」ではなく「とうかいりん」。実は、山形の東海林さんは圧倒的に「とうかいりん」と読むことが多く、「しょうじ」は1割以下。しかも、他県からの流入も多い山形市周辺以外にはほとんどいない。

また、山形県独特というわけではないが、とくに山形県に集中しているものとしては、45位小関、55位森谷、58位板垣、65位笹原、82位星川などがある。

このうち、小関は「こせき」と読む。山形県に多い名字で、県内では98%が「こせき」である。ところが、山形県に次いで多い南関東では2割近くが「おぜき」で、小関そのものが少ない西日本では「こせき」と「おぜき」は半々ぐらいである。

清野のルーツは長野県の地名で「きよの」と読む。したがって、長野県ではほぼ「きよの」だが、山形県を中心に東北では「せいの」と読みが変化した。

森谷も山形県が全国一多く、県内ではほぼすべて「もりや」。全国的にも「もりや」と読むことが多い。なお、西日本では森谷という名字そのものが少ないが、「もりたに」が過半数である。

なお、101位以下では、白田、舟山、矢萩、八鍬、近野《こんの》、土門、新野《にいの》、長南、鏡、遠田《えんだ》、海藤《かいとう》、大類、押野、安食《あじき》などが独特。

白田は山形県と茨城県に多い名字で、山形県が「しらた」なのに対し、茨城県では9割以上が「はくた」。東京都や埼玉県では「しろた」も多い。遠田も県内では9割が「えんだ」だが、新潟県の十日町市に集中している遠田は「とおだ」と読むほか、東京では「えんだ」「おんだ」「とおだ」に分かれている。全国を合計すると、3分の2が「えんだ」である。

●地域による違い

山形市を中心とする村山地区では、佐藤、鈴木、高橋、渡辺、斎藤が多く、県全体の順位とほぼ同じ。大江町と朝日町では鈴木が人口の1割を超えて最多となっている。寒河江市の安孫子、尾花沢市の大類、大石田町の海藤、中山町の秋葉などが特徴。

米沢市を中心とする置賜《おきたま》地区も同じような分布だが、木村や伊藤が多いのが目立ち、小国町では伊藤が最多となっている。この他、高畠町の近野、白鷹町の新野、小国町の舟山などが独特。

新庄市を中心とする北部の最上地区は、旧市町村によってかなり違っている。舟形町では伊藤が最多であるほか、旧金山町では柴田、旧最上町では菅、旧鮭川村では矢口、旧戸沢村では早坂が最多となっていた。

酒田市や鶴岡市のある日本海沿いの庄内地区では、佐藤と斎藤が圧倒的に多い。また、北部では菅原や阿部が多く、南部では五十嵐や本間、富樫が多いなど、隣県の秋田県や新潟県との結びつきが強いこともわかる。特徴的な名字としては、旧藤島町の成沢《なりさわ》、旧立川町の長南、鶴巻、旧櫛引町の劒持、旧八幡町の遠田、旧遊佐町の土門などがある。

●最上《もがみ》氏と大江氏

県内の地名をルーツとする一族では戦国大名の最上氏が著名。清和源氏で、斯波氏の一族が南北朝時代に出羽国最上郡の領主となって移り住み、最上氏を称したのが祖という。山形城を築城して、戦国時代には伊達氏と並んで東北を代表する戦国大名に成長した。

一族には天童、黒川、成沢、中野、大窪、楯岡、東根、鷹巣、上山、山野辺など、県内の地名をルーツとするものがある。

関ヶ原合戦後、最上氏は57万石という大大名となったが、まもなく取りつぶされて旗本になったことから、一族や家臣団の多くは散り散りになった。山野辺家が水戸藩家老、天童家が仙台藩重臣となったほか、楯岡家は熊本藩士、鮭延家は古河藩士、松根家は柳河藩士となるなど、全国各地に広がっている。

最上氏以前に山形県に移り住んで来た一族には大江氏がある。大江氏は古墳時代に埴輪などを制作していた古代豪族土師氏の末裔で、平安時代初期に大江氏と改称、学問で朝廷に仕える公家となっていた。鎌倉幕府の創業時に、一族の大江広元が源頼朝に招かれて幕府の屋台骨をつくったことから広元の子孫は武家に転じ、各地に所領を貰っている。そのうちの1つが山形県にあり、子孫は寒河江氏、長井氏など県内の地名を名乗った。

◆山形県ならではの名字

◎押切《おしきり》

川が堤防を押し切ったことに由来するもので、各地に地名がある。山形県には出羽国村山郡押切村（尾花沢市）という地名があり、現在も尾花沢市に多い。田川郡横山城の城主に押切氏がいた。

◎今田《こんた》

とくに珍しい名字ではないが、他県では「いまだ」と読むのに対し、山形県ではほぼ「こんた」である。古代、東北に広がっていた「こん」一族の末裔とみられる。

◆山形県にルーツのある名字

◎寒河江《さがえ》

出羽国村山郡寒河江荘（寒河江市・西村山郡河北町）がルーツで、大江時茂の子時氏が寒河江氏を称したのが祖。全国の半数以上が山形県にあり、山形市や東置賜郡川西町に集中している。

◎八鍬《やくわ》

最上郡に集中している名字で、大蔵村で第2位の名字であるほか、舟形町や戸沢村、新庄市にも多い。出羽国村山郡八鍬村（寒河江市八鍬）がルーツ。

◆珍しい名字

◎悪七《あくしち》

山形県には悪七、悪原など、「悪」で始まる名字がいくつかあるが、「悪」は「強い」「実力がある」という意味であった。たとえば、平安時代末期の源氏の武将、源義平は自ら「悪源太義平」と名乗っている。また、後醍醐天皇に召し出される以前の楠木正成は「悪党」と呼ばれていたが、これも幕府の後ろ楯を持たない実力者ということだ。県内に点在する「悪」の付く名字も、こうした中世的な「悪」の概念を今に伝えているものだろう。

〈難読名字クイズ解答〉

①いずみの／②いずのめ／③いぶくろ／④うとぬま／⑤がんどう／⑥きすぎ／⑦くだいら／⑧しかま／⑨じゅんか／⑩せいの／⑪つかねまつ／⑫にとべ／⑬ぬくい／⑭はないか／⑮むちゃく

Ⅱ

食の文化編

米／雑穀

地域の歴史的特徴

江戸時代前期、江戸の人口が増え、コメの需要が増大したため、幕府は出羽（現在の秋田、山形両県）の年貢米を江戸に送るよう河村瑞賢に命じた。瑞賢が、酒田から下関を回り、瀬戸内海から大坂（現在の大阪）を経由して江戸に直送する西回り航路を整備したことが、江戸時代、酒田が商業都市として発展する礎になった。

酒田には、幕府専用のコメ蔵「瑞賢倉」が設置され、最上川などを通じて各地からコメが集められた。コメの集積地と積出港となった酒田湊は上方船の出入りが急増した。北前船の往来によって華やかな京文化が流入した。

こうしたなかで生まれた酒田の豪商、本間家の3代当主、本間光丘は飛砂の害から田畑や家屋を守るため海岸での砂防林の植林事業などを行い、財政がひっ迫した東北諸藩への資金援助などに力を入れた。公共のために財を投じた光丘は本間家中興の祖といわれる。

1876（明治9）年には鶴岡、山形、置賜3県が合併して山形県になった。県名の由来については、①蔵王山の山裾に開けた土地、②山林を主とする土地、の二つの説がある。

コメの概況

山形県の耕地率は12.8％で全国平均値に近く、耕地面積に占める水田の率は79.0％と全国で14位である。農業産出額ではコメが33.0％を占め、品目別農業産出額ではトップである。米づくりの中心は、最上川流域の盆地や平野である。

水稲の作付面積の全国順位は6位、収穫量の全国シェアは4.9％で順位は4位である。収穫量の多い市町村は、①鶴岡市、②酒田市、③庄内町、④新庄市、⑤川西町、⑥尾花沢市、⑦山形市、⑧米沢市、⑨高畠町、⑩遊佐町の順である。県内におけるシェアは、鶴岡市16.5%、酒田市11.7%、庄内町6.4%などで、この庄内地方の3市町で3分の1を生産している。

山形県における水稲の作付比率は、うるち米96.0%、もち米8.1%、醸造用米0.9%、である。作付面積の全国シェアをみると、うるち米は4.4%で全国順位が福島県と並んで6位、もち米は3.5%で千葉県と並んで9位、醸造用米は2.8%で10位である。

知っておきたいコメの品種

うるち米

（必須銘柄）あきたこまち、コシヒカリ、つや姫、はえぬき、ひとめぼれ

（選択銘柄）きんのめぐみ、ササニシキ、里のゆき、さわのはな、つくばSD1号、つくばSD2号、出羽きらり、どまんなか、花キラリ、はなの舞い、瑞穂黄金、ミルキークイーン、萌えみのり、山形95号、山形112号、夢いっぱい、夢ごこち

うるち米の作付面積を品種別にみると、「はえぬき」が最も多く全体の63.0%を占め、「つや姫」（13.9%）、「ひとめぼれ」（9.8%）がこれに続いている。これら3品種が全体の86.7%を占めている。

- **はえぬき**　山形県が「庄内29号」と「あきたこまち」を交配して1991（平成3）年に育成した。2015（平成27）年産の1等米比率は95.8%とかなり高かった。県内産「はえぬき」の食味ランキングは特Aが続いていたが、2016（平成28）年産はAだった。
- **つや姫**　2015（平成27）年産の1等米比率は95.7%とかなり高かった。県内産「つや姫」の食味ランキングは、2010（平成22）年産以降、最高の特Aが続いている。
- **ひとめぼれ**　2015（平成27）年産の1等米比率は95.5%とかなり高く、生産県の中で岩手県、秋田県に次いで3位だった。県内産「ひとめぼれ」の食味ランキングは、2013（平成25）年産以降、最高の特Aが続いている。
- **コシヒカリ**　2015（平成27）年産の1等米比率は94.6%とかなり高く、生産県の中で長野県、福島県に次いで3位だった。県内産「コシヒカリ」の食味ランキングは特Aが続いていたが、2015（平成27）年産、2016（平

成28）年産はAだった。

- **雪若丸**　山形県が育成し、2018（平成30）年秋に本格デビューさせた新品種「山形112号」である。「つや姫」の弟的な存在という位置づけで、雪国・山形のイメージも取り入れて命名した。2016（平成28）年産の県内産「雪若丸」の食味ランキングはAである。
- **どまんなか**　山形県が「中部42号（後のイブキワセ）」と「庄内29号」を交配し1991（平成3）年に育成した。山形県が米どころの中心地を担っていくとともに、おいしさのど真ん中を突き抜ける味わいがあるコメとなることを願って命名された。2015（平成27）年産の1等米比率は97.8%ときわめて高かった。
- **あきたこまち**　2015（平成27）年産の1等米比率は88.6%だった。
- **ササニシキ**　2015（平成27）年産の1等米比率は82.9%だった。

もち米

（必須銘柄）なし
（選択銘柄）朝紫、こがねもち、こゆきもち、酒田女鶴、たつこもち、でわのもち、ヒメノモチ

もち米の作付面積を品種別にみると、「ヒメノモチ」が全体の77.4%と大宗を占め、「でわのもち」、「こゆきもち」の各9.7%が続いている。これら3品種が全体の96.8%を占めている。

醸造用米

（必須銘柄）なし
（選択銘柄）羽州誉、改良信交、亀粋、京の華、五百万石、酒未来、龍の落とし子、出羽燦々、出羽の里、豊国、美山錦、山酒4号、山田錦、雪女神

醸造用米の作付面積の品種別比率は「出羽燦々」が最も多く全体の55.6%を占め、「美山錦」（22.2%）、「出羽の里」（11.1%）が続いている。この3品種が全体の88.9%を占めている。

- **出羽の里**　山形県が、「吟吹雪」と「出羽燦々」を交配し、2004（平成16）年に育成した。

知っておきたい雑穀

❶小麦

小麦の作付面積の全国順位は34位、収穫量は31位である。主産地は、県内作付面積の42.5%を占める山形市である。これに鶴岡市、高畠町などが続いている。

❷六条大麦

六条大麦の作付面積、収穫量の全国順位はともに20位である。統計によると、山形県で六条大麦を栽培しているのは三川町だけである。

❸アワ

アワの作付面積の全国順位は8位である。収穫量が判明しないため収穫量の全国順位は不明である。

❹キビ

キビの作付面積の全国順位は青森県と並んで9位である。収穫量が判明しないため収穫量の全国順位は不明である。

❺そば

そばの作付面積の全国順位は北海道に次いで2位、収穫量は4位である。主産地は鶴岡市、尾花沢市、村山市、新庄市などである。栽培品種は「でわかおり」「最上早生《もがみわせ》」「階上早生《はしかみわせ》」などである。

❻大豆

大豆の作付面積の全国順位は新潟県と並んで7位である。収穫量の全国順位は8位である。県内の全市町村で栽培している。主産地は鶴岡市、酒田市、庄内町、川西町、長井市などである。栽培品種は「エンレイ」「秘伝豆」「青大豆」「黒神」などである。

❼小豆

小豆の作付面積の全国順位は22位、収穫量は21位である。主産地は鶴岡市、酒田市、遊佐町、尾花沢市などである。

コメ・雑穀関連施設

- **山居《さんきょ》倉庫**（酒田市）　1893（明治26）年に旧庄内藩主酒井家が、コメの保存と集積を目的に酒田米穀取引所の付属倉庫として建造した。現在も農業倉庫などとして使われている。12棟が並ぶ景観は、米どころ酒田のシンボルの一つである。

- **庄内米歴史資料館**（酒田市）　山居倉庫の一角にある。コメに関する資料や農具などを保存、展示している。稲作の歴史、稲のルーツ、品種改良、生産・保管・流通の過程などをジオラマやパネルなどで説明している。
- **亀ノ尾の里資料館**（庄内町）　庄内町は、「ササニシキ」「コシヒカリ」「つや姫」につながるルーツの一つとされる水稲品種「亀ノ尾」発祥の地である。資料館では、「亀ノ尾」や、これを創選した阿部亀治に関する多彩な資料を収集し、展示している。余目第四公民館内にある。
- **二ノ堰水路**（寒河江市）　南北朝時代に、寒河江城主の大江時氏公、元時公父子が寒河江城の改修にあたり堀に大量の水が必要になり寒河江川に堰をつくり、水路を掘った。これを利用して新田が開発された。川は冷水のため、1952（昭和27）～53（同28）年に、幅広く浅い温水路に改修された。1989（平成元）～94（同6）年度に一部が親水公園に再整備された。受益面積は700haである。
- **徳良湖**《とくら》（尾花沢市）　第1次世界大戦後の開田事業に合わせて1921（大正10）年に築堤された農業用のため池。当時は徳良池とよんだ。今も120haの水田を潤している。花笠音頭や花笠踊りは、築堤された際の土《ど》搗《づ》き歌から生まれた。作業班は地域ごとに編成されたため、花笠踊りも地域ごとに生まれ、現在の流派につながっている。

コメ・雑穀の特色ある料理

- **うこぎごはん**（米沢市）　江戸時代の米沢藩主．上杉鷹山《ようざん》は、ウコギ科の落葉低木であるこの植物を生け垣にすることを奨励した。とげがあるため防犯に役立ち、芽や若葉は食用になるためである。米沢市などでは、春にこの新芽や若葉を摘んでゆでて荒いみじん切りにして、ご飯に混ぜ合わせて食卓に。独特のほろにがさがある。
- **樹氷巻**　山形県特産の青菜漬けと納豆を使った巻物である。青菜は塩漬けにし、茎と葉の部分を分ける。納豆は刻んでみそとカツオ節を入れて混ぜておく。青菜漬けの葉の部分を広げ、その上に、合わせ酢を混ぜたすし飯をのせ、青菜の茎の部分と納豆を芯にしてのり巻きの要領で巻く。
- **くじら餅**（最上地域、村山地域）　砂糖にしょうゆを加えて煮溶かした液に、もち米とうるち米の粉を入れて練り、型に入れて蒸してつくる。クルミやゴマを入れたり、しょうゆの代わりにみそを使うこともある。桃の節句につくってお雛さまに供え、近所で交換し合って味比べをしたりすることも。

- **稲花餅**《いがもち》（山形市） うるち米ともち米を練ってつくった生地でこしあんを包み、一口で食べられる程度の大きさにする。上に黄色に着色した2、3粒のもち米を稲の花に見立てて飾り、笹の葉にのせて蒸す。口に入れると独特の食感があり、笹の葉の香りが広がる。

コメと伝統文化の例

- **雪中田植え**（村山市） 雪を踏み固めた1m四方の田んぼに、苗に見立てた稲わらと豆殻を束ねて25株植え付ける。その年の吉方にアシと若松の枝を立てて柏手を打ち、前年の収穫に感謝し、その年の豊作などを祈る。開催は毎年2月上旬。
- **黒川能**（鶴岡市） 能は、田植えの際に、歌や踊りではやしたてる田楽から発展した。黒川能は月山の麓の黒川地区の鎮守、春日神社の神事能として約500年続いている。国指定の重要無形民俗文化財である。開催は春日神社例祭の行われる日など。
- **黒森歌舞伎**（酒田市） 能がもとになって発展したのが歌舞伎である。江戸時代中期の享保年間から酒田市の黒森日枝神社に奉納されてきた農民歌舞伎である。雪の中で観ることから「雪中芝居」「寒中芝居」という別称がある。開催は毎年2月中旬。
- **新庄まつり**（新庄市） 江戸中期の1755（宝暦5）年、凶作に見舞われ、新庄領内では多くの餓死者が出た。これに心を痛めた藩主戸沢正諶《まさのぶ》は、領民を鼓舞し、五穀豊穣を祈願するため、戸沢家氏神の天満宮の新祭を命じたのが起こりである。開催日は毎年8月24日〜26日。
- **加勢鳥**《かせどり》（上山市）「カッカッカーのカッカッカー」と奇声を発しながらケンダイ（蓑）を頭から膝まですっぽり被って、わらじを履いた若い衆がまちを練り歩く。人々はそれに水を浴びせかけ、新しい年の豊穣を願う。寛永年間（1624〜44）に始まり、明治に入って途絶えたが、1959（昭和34）年に伝統が復活した。開催日は毎年2月11日。

こなもの

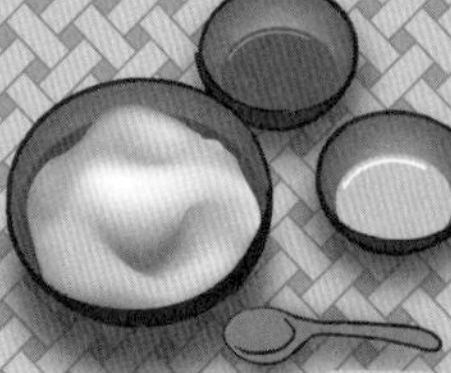
かいもち

地域の特色

東北地方の南西部に位置する県で、かつては羽前国と羽後国に分かれていた。西には日本海に面する古くからの米どころの庄内平野がある。中央を流れる最上川流域には米沢・山形・新庄の盆地、東に奥羽山脈、西に飯豊・朝日山地がある。米沢藩9代藩主上杉鷹山《ようざん》（治憲《はるのり》、1751～1822）は、植林や絹織物などの殖産興業、新田開発を奨励し、後世の産業の基礎を築いた。米沢は、絹織物の町として、最上川河口は水運の拠点となる。山形の郷土料理の「芋煮会」の発祥は、最上川を利用していた船の船頭たちのアイデアで生まれたという説が有名である。

食の歴史と文化

山形県は、庄内米や山形特産物を北前船によって上方へ運ぶという、交流ができたため、東北に位置しながら食習慣には関西の影響がみられる。例えば、雑煮に入れる餅は、東北地方は切り餅を使うが、山形は関西風に丸餅を使う。一方、内陸部は陸運が発達したため、日本海に面している庄内地方とは異なる文化がある。例えば、庄内地方は新鮮な魚が入手できるので刺身、塩焼き、素焼きなど魚は醤油をつけて食べる料理が多いが、内陸部は干物や塩蔵品、焼き干し魚など保存食品の利用が多い。内陸部は、山野が多いので山菜料理が発達している。冬に備えて野菜類の漬物も発達しているところでもある。有名なものに「もってのほか」という食用菊料理が発達しているのも山形の食文化の特徴といえる。

庄内平野で収穫できる米は「はえぬき」の名で知られている。米どころの庄内地方は酒造好適米も生産できることでも知られている。

山形県の各地では独自の伝統野菜や山菜の栽培が行われ、「山形ブランド」として市場拡大を目指している。だだちゃ豆（枝豆）、民田ナス、平田ネギ、温海《あつみ》カブなどの山形ブランド品がある。

内陸部では明治時代以降、ベニハナやクワの栽培地は果樹園へ転換し、現在はオウトウ（さくらんぼう）、西洋ナシ（ラ・フランス）、ブドウなどの全国有数の生産量を生み出している。第二次世界大戦後、畜産業も活発となり、「山形牛」は人気のブランド牛となり、関東の有名すき焼き店では、山形牛を使っているところが多い。

「こなもの」に関しては、村山地方がソバの生産地として有名である。全国に先駆けて「ソバソムリエ」を養成するなど、そば文化の普及に力を入れている。

山形の代表的郷土料理の「芋煮会」の芋煮は、地元の野菜や牛肉、豚肉、コンニャク、棒ダラを入れた鍋である。地域のコミュニケーションの場として、あるいは町興しのために、山形だけでなく、東北各地で行われるようになっている。これには、味噌仕立て、醤油仕立てなど、いろいろな味付けが工夫されているようである。

知っておきたい郷土料理

だんご・まんじゅう類

①かいもち

山形県天竜市の郷土料理。冷や飯の残り、そば粉、米粉などを原料として作る。冷や飯の利用にもなり、間食にもなる。鍋の湯に冷や飯（茶碗1杯ほど）を入れて煮る。煮ながら、そこにそば粉に米粉を混ぜたものを少しずつ加えていき、焦がさないようにかき混ぜ、重くなったら鍋を火からおろす。これに、さらに熱湯を加えて練り上げる。これを「かいもち」といい、ねぎ納豆、ダイコンおろし、削り鰹節を混ぜたものをつけて食べる。食べ残した「かいもち」は平たいおにぎりのように握って、味噌をつけて焼いて食べる。この時に使う冷や飯は、そば粉をつなぐ役割を果たしている。寒河江《さがえ》地方では、冷や飯の代わりにそば粉に対して1割ほどの米粉と小麦粉を加えて作る。

②切山椒

切山椒は、鶴岡地方では正月に食べる。「切山椒」は、上新粉に砂糖と山椒の香りを搗き込んだ餅で、蒸かしてある。薄紅色や白色、黒砂糖入り合う。短冊に切ってある。

③雛菓子

かつて大名より富み栄えた酒田の豪商が贅を尽くして作らせたのが「雛菓子」である。主に、観賞用であるため、材料は粒子の細かいかたくり粉を用いてつくる。2枚合わせの木型を用いてつくってあるので、できあがりは立体的である。鶴、亀、鯛、ヒラメ、稲穂、ふくら雀など20種類の雛菓子がある。雛菓子を製造・販売している「小松屋」は、天保3（1832）年の創業で、それ以来酒田とともに繁栄し歩み続けてきている。

麺類の特色　山形の手巻きうどんは、80年以上の歴史をもつ。手巻きの意味は、乾麺を鉄砲巻きの形に包装していることに由来する。麺は細めで弾力がある。

めんの郷土料理

①むきそば（剥きそば）

酒田地方の夏の名物そばで、冷やして食べる。京都の精進料理の流れをくんだそばの食べ方で、殻のついているソバ（種子）を茹でた後に実をとりだし、実を醤油・味醂・砂糖で調味して食べる。

②ひっぱりうどん

冬に、ご飯が足りないときに食べる。大きな鍋でうどんを煮立て、各自の茶碗にうどんをとり、ネギ納豆で食べる。

③うどんのあんかけ

ふつうに茹でたうどんを丼にとり、薄味に煮たサケやマスの身をほぐして、うどんの上にのせ、醤油あんかけをかける。

④そば切り

そばを茹でてザルに移し、水で洗ってから、削り鰹節と醤油を煮立てて作ったそばつゆで食べる。

⑤べにきり

最上地方の紅花入りのそば。「紅切りそば」ともいう。山形県の紅花は、6月には黄紅色となる。その色素の成分は、フラボノイド系の紅色素（カルタミン）である。紅花を入れてそばを作ることにより紅色のそばとなる。

▶ 洋ナシ「ラ・フランス」の6割を産出

くだもの

地勢と気候

山形県の中央部には出羽山地、月山、朝日山地が南北に延び、その東側が内陸部、西側が沿岸部である。内陸部は山形市を中心とする村山地方、新庄市を中心とする最上地方、米沢市を中心とする置賜《おきたま》地方に分かれ、沿岸部は庄内地方である。山形県の母なる川である最上川は、福島県境の吾妻連峰に源を発し、置賜地方、村山地方を北上し、西に流れを変えて最上地方、出羽山地を横切り、庄内平野の酒田市で日本海に注ぐ。

東の県境には奥羽山脈が南北に走り、山形県が日本海側の気候に属する要因になっている。気候も、沿岸部と内陸部に分かれる。沿岸部の庄内地方は海洋性気候の特徴をもち、多雨多湿で冬季は北西の季節風が強い。内陸部は一日の最高気温と最低気温の差が大きい。村山地方の平野部は雨、雪ともに少ないが、山間部は雪が多い。最上地方は冬季の積雪が多い。置賜地方は比較的穏やかな気候だが、山間部は雪が多い。

知っておきたい果物

サクランボ

サクランボの栽培面積、収穫量の全国順位はともに1位である。栽培品種は「佐藤錦」を中心に、「紅秀峰」「ナポレオン」「紅さやか」「紅きらり」などである。主産地は東根市、天童市、寒河江市、村山市、山形市、河北町、上山市、南陽市、山辺町、中山町などである。出荷時期は1月上旬～下旬頃と4月上旬～7月中旬頃である。

サクランボの栽培が山形県で始まったのは1876（明治9）年である。当時は全国で試作されたが、他の地域では失敗し、霜害や台風の被害の比較的少ない山形県が成功した。人気の高い「佐藤錦」の生みの親は東根市の篤農家、佐藤栄助である。サクランボの品種改良に取り組み、1912（大正元）年に「黄玉《きだま》」と「ナポレオン」を交配して、育成した。新しい木に実がなったのは1922（大正11）年である。このサクランボに「佐藤錦」と命名したのは1928（昭和3）年である。

西洋ナシ　西洋ナシの栽培面積、収穫量の全国順位はともに1位である。栽培品種は「ラ・フランス」などである。主産地は天童市、東根市、上山市、高畠町、大江町、山形市、南陽市、寒河江市、中山町、朝日町などである。出荷時期は「ラ・フランス」が8月下旬～12月下旬頃と、1月中旬～下旬頃である。山形県は、全国の「ラ・フランス」生産量の6割以上を占めている。県有数の「ラ・フランス」の産地である天童市の市長らは「ラ・フランス」のトップセールスを行っている。こんなところにも「ラ・フランス」が独走する理由の一つがあるのかもしれない。

リンゴ　リンゴの栽培面積の全国順位は、青森県、長野県、岩手県に次いで4位である。収穫量の全国順位は、青森県、長野県に次いで3位である。栽培品種は「ふじ」「王林」「つがる」などである。主産地は東根市、天童市、朝日町、山形市、大江町、中山町、寒河江市、南陽市などである。出荷時期は「ふじ」が9月下旬～12月下旬、「王林」が10月中旬～11月下旬、「つがる」が8月下旬～9月下旬、「ジョナゴールド」が10月中旬～11月上旬、「紅玉」が10月上旬～11月上旬頃である。

朝日町では明治半ばに初めてリンゴの栽培が始まった。現在は「ふじ」が中心で、食味を向上させるため、すべて無袋で生産している。

ブドウ　ブドウの栽培面積、収穫量の全国順位は、ともに山梨県、長野県に次いで3位である。栽培品種は「巨峰」「デラウェア」「ピオーネ」などである。主産地は高畠町、上山市、南陽市、山形市、天童市、寒河江市、東根市、鶴岡市などである。出荷時期は6月下旬～12月中旬頃である。

吾妻山や飯豊連邦などの山々に囲まれた盆地を最上川が流れる置賜《おきたま》地域は、寒暖の差が大きい気候のため、ブドウの着色がよく、特に「デラウェア」の栽培に適している。置賜産のデラウェア品種のブドウは、「山形おきたま産デラウェア」として地域ブランドの登録を受けている。同地域では、明治時代からデラウェアの栽培が始まり、今では日本有数の産地に発展している。

アケビ　アケビの生産地として農林統計に出てくるのは、秋田県、山形県、愛媛県だけである。このうち、山形県の栽培面積は全国の73.5%、収穫量は86.8%を占めており、山形県はアケビの大産地である。主産地は朝日町、山形市、白鷹町、天童市などである。出荷時期は8月下旬～10月中旬頃である。

スイカ　スイカの作付面積、収穫量の全国順位はともに熊本県、千葉県に続いて3位である。主産地は尾花沢市、村山市、大石田町などである。出荷時期は大玉スイカが7月中旬～10月上旬、小玉スイカが7月上旬～8月下旬頃である。

メロン　メロンの作付面積、収穫量の全国順位はともに茨城県、北海道、熊本県に次いで4位である。生産品種は「アンデスメロン」「クインシーメロン」などである。主産地は酒田市、鶴岡市、遊佐町などである。出荷時期は「アンデスメロン」が6月下旬～8月中旬、「クインシーメロン」が7月上旬～8月上旬頃である。

カキ　カキの栽培面積の全国順位は7位、収穫量は9位である。栽培品種は「刀根早生《とねわせ》」「平核無《ひらたねなし》」などである。主産地は鶴岡市、酒田市、上山市、寒河江市などである。

「庄内柿」の品種は「平核無」である。「庄内柿」の収穫時期は9月下旬～11月上旬頃である。アルコールと炭酸ガスを併用した大規模な脱渋装置で渋を抜いて出荷する。

上山市などは、渋の強い「紅《べに》柿」の産地である。この地域は、地下水位が低くて地面が乾燥し、日当たりや風通しが良く、昼夜の寒暖差が大きいなど干し柿づくりにふさわしい自然環境を備えている。このため、現在はほぼすべてが干し柿に加工されている。天保年間には「関根柿」の名前で、上山温泉などで渋抜きして販売されていた。「紅柿」の産地は山形市、天童市、山辺町などにも広がっている。

桃　桃の栽培面積、収穫量の全国順位はともに5位である。栽培品種は「あかつき」「白鳳」「川中島白桃」「ゆうぞら」などである。主産地は東根市、天童市、寒河江市、山形市、河北町、村山市、大江町、中山町などである。出荷時期は8月上旬～9月下旬頃である。

スモモ　スモモの栽培面積、収穫量の全国順位はともに山梨県、長野県、和歌山県に次いで4位である。栽培品種は「大石早生」「ソルダム」「太陽」「秋姫」などである。主産地は中山町、天童市、東根市などである。出荷時期は7月上旬～10月中旬頃である。

プルーン　プルーンの栽培面積、収穫量の全国順位はともに長野県、北海道、青森県に次いで4位である。主産地は村山市、天童市、寒河江市などである。

日本ナシ　日本ナシの栽培面積の全国順位は26位、収穫量は30位である。主産地は酒田市、鶴岡市、天童市などである。出荷時期は9月上旬〜10月中旬頃である。

酒田市の刈屋は、日向川と荒瀬川が合流し、肥沃な土地である。この地域では、明治初期からナシの栽培が始まった。刈屋産のナシは「刈屋梨」として地域ブランドの登録を受けている。

ヤマブドウ　ヤマブドウの栽培面積、収穫量の全国順位はともに岩手県に次いで2位である。主産地は鶴岡市、新庄市、西川町などである。

ブルーベリー　ブルーベリーの栽培面積の全国順位は福岡県と並んで18位である。収穫量の全国順位も18位である。主産地は鶴岡市、酒田市、寒河江市などである。出荷時期は7月上旬〜9月下旬頃である。

クリ　クリの栽培面積の全国順位は、青森県と並んで25位である。収穫量の全国順位は22位である。主産地は鶴岡市などである。収穫時期は9月下旬〜10月下旬頃である。

ウメ　ウメの栽培面積の全国順位は32位、収穫量は23位である。主産地は寒河江市などである。寒河江市矢沢地域の梅干し用のウメは「矢沢梅」として出荷される。

キウイ　キウイの栽培面積の全国順位は24位、収穫量は25位である。主産地は村山地域などである。

地元が提案する食べ方の例

チャイナ・ド・ラ・フランス（JAさくらんぼひがしね）

皮をむいたラ・フランスを2cm角に切り、ギョウザの皮で包む。カリッとするまで油で揚げる。器に盛って粉砂糖をかける。

さつまいも、ラ・フランス入り蒸しパン（JAさくらんぼひがしね）

さつまいもとラ・フランスを1cm角に切り、ホットケーキミックス、砂糖、ハチミツとともに混ぜ、カップに分けて約15分蒸かす。

りんご入り豆腐ドーナツ（JA さくらんぼひがしね）

ホットケーキミックスと豆腐をボウルに入れて混ぜ合わせ、粗いみじん切りにしたリンゴと白ゴマを入れる。スプーンですくって揚げ、砂糖をまぶす。

りんごと鮭のオーブン焼き（おいしい山形推進機構）

オーブンに、すりおろしたリンゴと醤油で下味を付けた生鮭を入れて180℃で10分焼く。レモン汁、白ワインで煮たリンゴをのせて、さらに5～8分焼く。

あけびと柿のみそ炒め（おいしい山形推進機構）

下味を付けた一口大の豚肉、アケビ、エリンギをフライパンで炒める。みそとみりんを合わせて加えてカキを入れてさらに炒める。器に盛り、シソを散らす。

消費者向け取り組み

- **さくらんぼ東根駅**　山形新幹線の天童―村山間の駅
- **さくらんぼ会館**　山形県寒河江市
- **ミスさくらんぼの選定**　寒河江四季のまつり実行委員会
- **朝摘みさくらんぼ**　寒河江、東根、上山、南陽、天童、鶴岡各市の光果樹園、6月中旬～7月中旬
- **果樹王国ひがしねフェスティバル～さくらんぼ種飛ばしワールドグランプリ**　さくらんぼ種飛ばし実行委員会、東根市、6月中旬の日曜日
- **日本一さくらんぼ祭り**　山形市、6月中旬の土曜、日曜
- **さがえさくらんぼの祭典**　寒河江市、6月中旬の土曜、日曜
- **さくらんぼ観光果樹園オープン式**　東根市観光物産協会、東根市、4月
- **フルーツの里くしびき・観光さくらんぼ園開園式**　櫛引観光協会、鶴岡市、6月上旬
- **全国さくらんぼ俳句大会**　寒河江市

魚　食

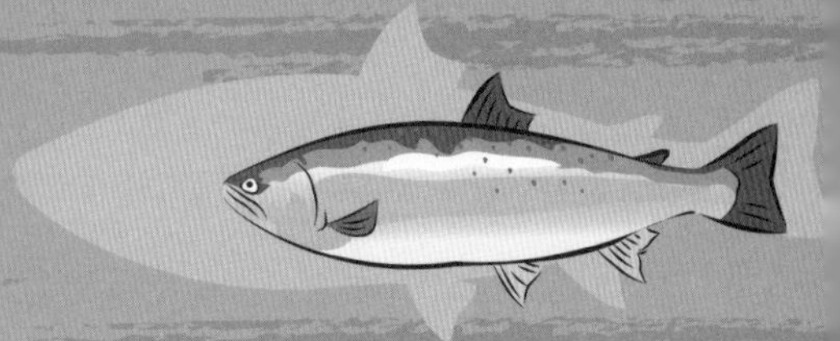

地域の特性

山形県の一部は、日本海に面している。「山形」の名は、室町時代にいわれていた「山方」に由来するといわれている。四方は山に囲まれている。江戸時代には、現在の山形県域は庄内藩、新庄藩、米沢藩、山形藩に分かれていた。

中央は最上川が流れ、最上川の河口の酒田は、水運の拠点となっている。「最上」の名は古代の陸奥最上郡が最上川の中流域にあったためといわれている。最上川は日本三大急流の一つであり、山形県の大動脈である。山形県は酒田という良港をもっていて、庄内藩では海路から京都の文化がもちこまれたために、京都風の見栄っ張りの気質がつくられた土地柄であった。新庄藩・米沢藩・山形藩は仙台との交通の便がよいために、江戸時代にその地域に仙台人の新しもの好き気質が入ってきたとされている。

酒田の沖合約40kmに位置する飛島の周辺は荒波で孤島となっている。この島の漁民は、昔からタコ壷漁を営んでいる。これは周辺の岩場の割れ目や穴にタコが隠れている習性を利用した昔からの漁法である。

魚食の歴史と文化

山形県の食文化は、染料の紅花を求めて京都からもたらされた酒田を基点とする生食中心の王朝文化圏と、新庄・尾花沢《おばなざわ》・山形・上山《かみのやま》・米沢の各盆地、山間部に残された保存食品が中心の土着文化圏とに分けられている。このように、山形県の魚食文化は、酒田港を中心として発達してきている。さらに、最上川をはじめ大小さまざまな河川が日本海に流入している。そのために、山形県の沖合は魚介類にとって重要な栄養成分が豊富であるため、多種類の魚介類が生息している。山形県の月光川は、新潟の三面川でのサケの「種川《たねがわ》制度」という河川の遡上したサケを天然繁殖させる制度を導入した。この制度は、宝暦・明和年間（1751～71）から明治時代まで続いた。今では、月光川流域に多くの孵化場があり、月光川に放流された稚魚はおよそ4年間の北洋での生育の後、晩秋に戻ってくる。スルメイカ漁は、現在の山形県の基幹漁業となっている。鼠ヶ関・由良・酒田・飛島などの庄内地域の漁港に水揚げされる。江戸時代には、コメの収穫が少なかったので、年貢として飛島で漁獲したスルメイカやそれから作る素干品の「するめ」を、幕府に納めたといわれている。

知っておきたい伝統食品と郷土料理

地域の魚介類

由良地方の春には、イワノリ・ワカメ・モズクの採集が始まる。初夏は、ヒラメ・マアジ・サバ・スズキ・イカ・キスなどが美味しくなる季節である。サザエも食卓にのぼるようになる。秋には、サケ・ブリ・マダイ・カニ・ハタハタが水揚げされる。冬は、ヤリイカ・マダラ・アンコウ・ホッコクアカエビ（アマエビ）・ワタリガニの旬となる。

最近利用の多い魚介類としては、クチボソガレイ（マガレイ）、タラ（寒ダラ）、ハタハタ、メバル（飛島沖）、キス（庄内）、スルメイカ（酒田）、サクラマス（春祭りに使う）、イワガイ（庄内）、クルマエビ（庄内）などがある。

淡水の魚介類では、春にはカワマス・ベニマス・コイ・カジカが獲れ、夏はアユ漁が解禁となり、冬はヤツメウナギの旬となる。

伝統食品・郷土料理

①川魚料理

山形県は大小さまざまな川があるので川魚料理が発達している。

- アユ　小国川で獲れるアユは「松原アユ」とよばれ、味・香りのよいことで知られている。塩焼、開き干し、魚田、天ぷらなどで食べる。
- カジカ　酒田市の北方を流れる日向川《にっこう》・月光川・立谷沢川《たちやざわ》、村山市を流れる富並川《とみなみ》はカジカの里として知られている。骨が硬いのですずめ焼きに加工する。煮びたし、甘露煮などで食べる。
- その他の川魚　ニジマス、ヤマメ、イワナなども古くから山形の川魚として知られている。ニジマスは塩焼き、味噌漬けなどで食べることが多い。ヤマメはサクラマスの陸封型である。塩焼きが美味しい。イワナの筋肉には寄生虫がいるので、塩焼きなど加熱して食べる。

- **コイの甘煮《うまに》**　米沢地域の郷土料理。コイの切り身を甘辛く、濃厚な味付けに煮あげたもので甘露煮に似ている。「甘煮」としても市販されている。「コイ」は「来い」に通じるので「良い年来い」とかけて、大晦日から新年にかけての年取料理として用意される。婚礼の時にも、「我が家に来い」として、祝い膳に用意する習慣もある。生きているコイを、鱗のついたままぶつ切りにし、砂糖・醤油・水飴からなる調味液に入れて煮込む。
- **米沢コイ**　1800年頃、上杉鷹山が海から遠い住民は鮮魚に恵まれないので、相馬藩からコイの稚魚を取り寄せ、三の丸のお堀で飼育したのが、米沢コイの始まりといわれている。城下の御膳部町に住み母乳が足りなく困っている産婦やよその藩から来た客へのもてなしに、「尾のもの」として尾頭つきのコイ料理を提供したともいわれている。第二次大戦の前までは、山形の各家庭には池がありコイを飼育していた。また、婚礼のときの引き出物として、昭和年代まで使われたといわれている。
- **サクラマス**　平成4年にサクラマスは山形県の魚に選ばれた。その理由は、一旦はみえなくなったサクラマスが山形県内に広く生息することがわかった。これは自然環境がよくなったことのシンボルであるとして、県魚となったわけである。サクラマスの親魚は、春（3～5月）に海からふるさとの川へ上り、秋に上流で産卵する。そこで親の一生は終わるが、卵は川底で越冬し、次の年の春に海へ行く。海へ行った幼魚は、オホーツク海を回遊し体重3kg程度に成長し、川に戻り一生淡水で暮らす。酒田市の赤川河口にはサクラマスを釣る人で賑わう。サケと同じような料理がある。

②海産魚介の料理

- **スルメイカ**　スルメイカは、刺身、塩辛、一夜干しで供する。夏の庄内浜でのスノコに並べた一夜干しの光景は、庄内地方の風物詩となっている。現在は北海道、静岡、四国などでつくられるスルメイカの一夜干しは全国的に人気である。また家庭でも脱水フィルムを使って家庭の冷蔵庫でも簡単につくられている。
- **マガレイ**　冬に漁獲されるマダラは頭から内臓も捨てるところなく利用される。味噌仕立てのどんがら汁は、身肉よりも粗、白子（ダミ）が美味しいとの評判である。さて汁はマダラの肝臓（脂肪含有量が多い）を味噌汁に溶かすか、一口大に切って煮込む。コクがあって人気である。とんがら汁祭りは1月第4土曜日、日曜日に開催。

- カキ　鳥海山の冷たい伏流水で育ったイワガキに人気である。
- 一口あわび　飛島で始めたアワビ（エゾアワビ）の養殖は、一口で食べられる程度の大きさ（2〜3年で6.5cmに育ったもの）に飼育し出荷する。
- 塩引きすし　ぶんぬきすしともいう。ベニザケの塩引きを使った押しずし。熟成させるのでうま味がある。
- 粥ずし　酒田地方に伝わる郷土料理。硬めに炊いたご飯に、新酒・米麹・塩を混ぜた飯を作り、数の子・筋子・ニンジン・ゴボウ・エンドウ、ユズ、トウガラシを混ぜたすし。すし桶に笹の葉を敷きすし飯と具を混ぜて笹の葉をかぶせて熟成させてから、サジですくって食べる。
- ハタハタの湯上げ　えらを除いたハタハタを塩を入れた湯で簡単に茹で上げ、おろしショウガ、おろしダイコン添えて、醤油をかけて食べる。
- マダラの卵巣　マダラの新鮮な卵巣は、水洗いしワサビ醤油で食べる。ふっくらと煮つけた簡素な料理、生のまま醤油に漬けて酒を加えて「醤油漬け」も酒田地方の食べ方である。
- カニのみそ汁　小さめのワタリガニはみそ汁の実にする。
- 棒ダラの煮込み　山間部の料理で、棒ダラを酒・醤油・砂糖からなる調味液で半日ほどゆっくり煮込んだ料理。
- イカのもんぺ焼き　イカの脚を外し、これをイカの胴内に詰め、胴の口を楊子でとめる。楊子で止めたほうを上にして、囲炉裏端で焼く料理。山形の郷土料理である。

肉　食

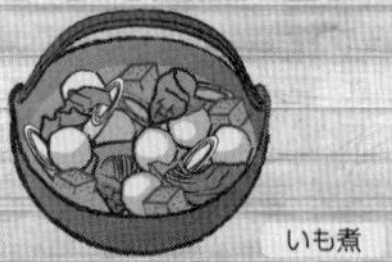
いも煮

▼山形市の１世帯当たりの食肉購入量の変化（g）

年度	生鮮肉	牛肉	豚肉	鶏肉	その他の肉
2001	38,627	10,056	16,611	9,365	1,437
2006	41,646	7,753	18,593	11,267	1,676
2011	42,883	7,996	20,232	12,034	1,626

山形県の有名な郷土料理は、芋煮である。現在のような牛肉や鶏肉を入れた芋煮鍋となったのは明治時代になってからであるといわれている。サトイモの冬場の貯蔵は難しく、稲の稔る頃までには食べてしまう風習があったので、サトイモをゴッタ煮の具材にしたという説もある。野菜類はサトイモのほかに、ニンジン、ネギ、キノコ、葉野菜、セリなどを使い、豆腐、こんにゃく、肉類（牛肉や鶏肉）を入れた。

米沢では、1868（明治元）年にオランダ医学を取り入れていた病院で、体力回復のために牛肉や牛乳を提供していたと伝えられている。一般の人が贅沢もしたいという動機から芋の子汁に牛肉を入れるようになったともいう。現在では、味噌味と醤油味仕立てがある。もともとは、醤油味のようであったが、岡田 哲編『日本の味探究事典』では味噌味を紹介している。東北各地にみられる芋煮会では牛肉、鶏肉にこだわらず、豚肉を使っているところが多く、味付けも芋煮会により醤油味も味噌味もある。

知っておきたい牛肉と郷土料理

山形県と牛肉の密接な関係は、明治時代初期に、一人の英国人が米沢へ来たことに端を発すると伝えられている。すなわち、上杉鷹山公が開設した藩校「興譲館」（1871［明治4］年）に赴任した英国人教師が、米沢牛の美味しさを広めたことにあるという。山形県の気候風土と最上川流域の豊かな水源に恵まれているのがウシの肥育に適しているのが、美味しい山形産のウシが存在する理由のようである。

凡例　生鮮肉、牛肉、豚肉、鶏肉の購入量の出所は総理府発行の「家計調査」による

環境が生み出す優良品種

山形県は、夏は暑く冬は雪も多く寒い。一日の昼夜の寒暖の差が大きい。このような自然条件の中でのウシの生育の状態は、月齢8～11か月から生育し、出荷は30～36か月となる。一日の寒暖の差は、ウシの体重がゆっくり増え、肉質はきめ細やかな組織となり、脂肪交雑（サシ）も程度良く入る。ウシの飲料の水質は、健康なウシづくりに重要な関わりがある。すなわち、山形県の山間部から農家へ流れる伏流水にはミネラルが豊富に含まれ、ウシの健康維持・増進に重要な要因なのである。

銘柄牛の種類

山形県で牛肉を飼育するようになったのは明治時代である。一人の英国人が米沢に来たことが端を発していると伝えられている。米沢藩の上杉鷹山公が開設した「興譲館」に東京開成学校から赴任した英国人チャールズ・ヘンリー・ダラス氏がコックとして一緒に来た万吉が黒毛和牛の料理を命じたことに、牛肉の利用が始まったと伝えられている。

❶米沢牛《よねざわぎゅう》

現在の米沢牛は「山形県米沢市のある置賜地方3市５町で肥育された黒毛和種で、米沢牛銘柄推進協議会が認定した飼育者が、登録された牛舎において18か月以上継続して飼育されたもの」と定義されている。米沢牛は、黒毛和種の銘柄牛肉としては松阪牛、神戸牛と並んで日本三大和牛の一つとなっている。牛刺し、ステーキ、すき焼き、焼肉が美味しい。山形市観光協会の資料によると、米沢市周辺の置賜地区では、古くから岩手県南部地方の2～3歳のウシを導入していた。これを「上り牛」といい、農耕、運搬、採肥に使用していた。1962（昭和37）年に当時の県知事の安孫子氏が、山形県産のウシの品質・規格を統一することを提案し、米沢牛や山形牛が銘柄牛として誕生した。

❷山形牛

米沢牛と同じく岩手県の南部地方から導入したウシがルーツである。肉用牛の生産は米沢牛の誕生から始まったが、山形県では第二次世界大戦後に本格的なウシの増産体制に入り、飯豊牛・西川牛・天童牛・東根牛という肉用牛として優秀な品種が多数が作り出された。米沢牛の項目で述べたように、1962（昭和37）年に県知事の提案に従い、山形県内産のウシの品質・規格を統一し、「山形牛」という銘柄牛が誕生した。明治元年から営業している横浜市のすき焼きの老舗の「太田なわのれん」は、山形牛と秘伝の味噌味のすき焼きを提供しているように、昔からすき焼きや牛鍋に適した牛肉である。山形牛の旨さの秘訣は、豊富な清い湧き水、新鮮な空気、明治時代以来の細やかな人情による飼育などにあるといわれている。山形の自然環境は黒毛和種の飼育に適した気候風土と山形県の県民性が美味しい山形牛という銘柄牛を生み出したと考えられている。

❸蔵王牛

山形県と宮城県の両県にまたがる自然の宝庫、蔵王山の麓に農業法人の蔵王高原牧場、蔵王ファームという２つの牧場がある。蔵王の澄んだ水と空気、四季の気候風土の変化など素晴らしい環境が、蔵王牛という品質のよい肉牛の飼育に適している。長年の肥育の経験がコクと深い味わいのある肉質を作り上げている。設計された必要不可欠な栄養を与えながら、ストレスのない環境でのびのびと育った蔵王牛は、軟らかい肉質と融点の低い脂肪を形成している。

米沢牛肉料理

日本の肉用和牛は昔から水田の役・肉兼用に使っていた和牛を、第二次世界大戦後になってイギリス原産やスイス原産の品種と交配させて誕生したものであり、「和種」とよばれていた。山形県の肉用牛の改良が始まったのは、米沢牛が最初であったが、第二次世界大戦後は飯豊牛・西川牛・天竜牛・東根牛などの肉用牛が作り出されたので、1962（昭和37）年には山形県内で生産される優秀な肉用牛は「山形牛」と定義づけ、品質規格の統一が図られた。明治初期から営業している横浜市中区の「太田なわのれん」は、山形産の牛肉にこだわったすき焼き店であるが、ルーツは味噌仕立ての「牛鍋」にある。

山形牛に適した料理

ステーキ、しゃぶしゃぶ、すき焼き，焼肉など。焼肉は、火の乾いている炭火で焼くのが一般的である。炎が肉に余分な水分を与えないため、外側はカラっと、中は十分なうま味が存在している焼肉となる。

- **牛肉のじんだん和え**　置賜の方言で、豆打（ずだ）の訛りとも甚太（じんだ）という人が作ったからともいわれている。宮城の“ずんだ”と岩手の“じんだ”と語源は同じか。村山地方では“ぬた”と言い、酢味噌和えと混同しやすい。茹でた枝豆をすりつぶし、砂糖と塩で味を付け、酒で好みのゆるさにする。これを甘辛く煮た脂肪の少ない牛肉と和える。

米沢の旧家で作られるお盆のもてなし料理。

- **すき焼き**　すき焼きの割り下に味噌を入れるのが特徴的。春菊、ネギ、とうふ、しらたき。
- **牛刺し**　肉を販売する牛肉店で料理も食べることが出来るのも特徴。しょうが、にんにく醤油。

知っておきたい豚肉と郷土料理

山形市の1世帯当たりの豚肉購入量は全生鮮肉の40％台であり、東北地方全体は豚肉の購入量は多い傾向にあるが、山形は豚肉の購入量は東北地方の他の県庁所在地の世帯よりも少ない。牛肉の購入量は東北地方の他の県庁所在地の世帯より多い。

山形県観光協会の資料によると、山形県の養豚業においては、母親の改良に取り組み、多産系のランドレース「ヤマガタ」（L）、発育のよい大ヨークシャー種（W）を開発し、さらに「ヤマガタ」（L）の雌と、大ヨークシャー（W）の雄を交配したLW種を開発し、さらにこれに肉質のよいデュロック（D）の雄を交配した三元豚（LWD）を基本としたものが多い。

山形県には、庄内、最上、村山、置賜《おきたま》の各地域に養豚の拠点と産地がある。

山形県の豚肉の特長は、肥育日数を延ばし、飼料には大麦・トウモロコシを給与することによる、きめ細かい締まりのある肉質である。

山形の銘柄豚

冬に積もった雪は春には溶けて清冽な地下水を通り河川に入る。これらの清冽な水が通る自然環境が、ブタもウシも飼育するのに最適な条件となっている。（公財）日本食肉消費総合センター発行の『お肉の表示ハンドブック』「食肉宣言 銘柄食肉リスト」（http://www.jimi.or.jp/meigarashokuniku/list02.html）には、高品質庄内豚、平牧三元豚、平牧桃園豚、敬華豚、天元豚、平牧金華豚、米沢一番育ち、天元豚・減投薬、純粋金華豚・天元・無投薬、山形コープなどがある。

❶平牧金華豚《ひらぼくきんかとん》・平牧純粋金華豚

豚肉とは思えない芳醇な味わいをもっていると評価されている。脂肪はしっとりして甘みがあり、筋肉は絹のようにキメの細かい肉質でうま味も豊富に含む。脂肪の交雑もきれいな霜降りとなっている。「平牧金華豚」「平牧純粋金華豚」は山形県の庄内平野の平田牧場で生産している。「平牧純粋金華豚」は、通常のブタより成熟日数が多くかかるが、国内の一般的ブタに比べると体が小さく、黒豚よりも小さい。出荷体重は60～70kgである。平牧金華豚は平牧純粋金華豚［純粋種（K）］と交配種（LDK）の中から、とくに肉質を吟味したものである。

豚肉料理

- **豚肉の味噌漬け・醤油漬け**　豚肉に特有な臭みを緩和し、保存性も高めた味噌漬けは国内各地で作られているが、山形には味噌漬けのほかに醤油漬けも作られている。これらは焼いて食べる。
- **「豚汁風」「すき焼き風」芋煮**　最上地方は、「豚汁風芋煮」をつくる庄内地方と「すき焼き風芋煮」をつくる村山地方の間に位置するために、両者の影響を受けた「豚肉・醤油味の芋煮」を作るときもある（村山地方の「すき焼き風芋煮」とは、牛肉・サトイモ・こんにゃく・ネギを主な材料とし、醤油で味付けしたものである。最近はシメジも入れることもある）。
- **カレーカツ丼**　河北町のカツ丼で、醤油ベースのカレー味の餡を掛ける。肉そばも有名。

知っておきたい鶏肉と郷土料理

もともと、山形県には地鶏といわれる在来のものがなかった。2000（平成12）年に、遊佐町の池田秋夫氏が観賞用・闘鶏用に維持・保存していた「赤笹シャモ」（コウがあり歯ごたえのある肉質）の雄と名古屋コーチンの雌を交配し、ここに生まれた交雑種の雄と横斑プリマスロックを交配させた三元交雑を行い、2003（平成15）年になって「やまがた地鶏」が誕生した。この鶏の肉質は、赤みがあり、適度な歯ごたえ、鶏臭さがない味わいのあるものである。肉質のアミノ酸含有量はブロイラーの肉に比べて、10％以上含む。鶏肉の料理としては、焼き鳥、水炊き、照り焼き、蒸し鶏がある。

- **蕎麦地鶏料理**　地鶏（全国の地鶏）ともりそばのセット。

知っておきたいその他の肉と郷土料理

野生のエゾシカ、クマ、イノシシなどは、環境保全の適正化のために猟師が捕獲し、ジビエ料理として利用されている。一部はマタギ料理として猟師や猟師の家庭で調理されている。山形市内のフランス料理店で提供されている。

変わったところで、シカの刺身、「脳・ハツ・レバー三種盛り」などを提供している店もあるが、ジビエの生食は寄生虫が存在しているので、生食はやめたほうがよい。生食し感染した例も報告されている。

3・11の東日本大震災に伴う、福島県の東京電力の事故により発生した放射性物質は、山形県の野生の獣鳥類に影響を及ぼしている可能性があるので、捕獲した野生の獣鳥類の放射性物質の検査を行っている。

- **蔵王ジンギスカン**　昭和初期には、山形では羊毛生産が行われていた。そのときにヒツジを飼育していた名残の料理として残っている。現在は、化学繊維が普及したために羊毛の生産は減少していった。
- **ダチョウの肉**　朝日町でダチョウの飼育が行われている。肉質は低カロリーで高タンパク質、鉄分含有量の多いことで知られている。皮は皮革製品の原料として使われている。
- **小玉川熊祭り**　飯豊連峰の麓の小玉川地区では、射止めたクマの冥福を祈りながら、猟の収穫を山の神に感謝する熊祭りで、300年余りも前から伝わっている儀式である。古式豊かな神事で、猟師（マタギ）がクマの毛皮をかぶってクマに扮装し、熊狩りの模擬実演を披露する。毎年5月4日（みどりの日）に行い、かつては熊汁が用意されたが、最近は熊汁を観客に振る舞うことはない。

地鶏

▼山形市の1世帯当たり年間鶏肉・鶏卵購入量

種　類	生鮮肉（g）	鶏肉（g）	やきとり（円）	鶏卵（g）
2000年	38,789	9,732	1,782	35,445
2005年	37,811	10,143	2,117	30,776
2010年	45,378	11,438	2,478	32,694

山形県の北西部は、日本海に面しているが、県の中央部は最上川が流れ、四方が山地に囲まれた盆地と平野が多い。盆地は、南から米沢・山形・新庄の盆地が形成され、平野は南から置賜《おきたま》・村山・庄内の平野が形成され、最上川は庄内平野を潤して日本海にそそいでいる。山形の人々、とりわけ、庄内地方の人々は海、川、山野の幸に恵まれ、住みよい地域に暮らしているのである。

江戸時代には、庄内平野で収穫した「庄内米」を北前船で京都・大阪（当時は大坂と書いた）へ運び、京都や大阪との交易があったために、京都の文化が山形に伝来し、その影響による言語・芸能・食習慣などが残っているところがある。山形県内の各地には、その地域独特の野菜や山菜があるのは、京野菜の栽培の影響と思われている。とくに、郷土料理の味付けには、味噌仕立てという京料理の影響が残っている。

山形県の県庁所在地山形市の市民の1世帯当たりの食肉の購入量をみると、2005年の牛肉の購入量が2000年、2010年と比べると、減少している。これに対して、2005年の豚肉や鶏肉の購入量は2000年よりも増加しているのは、BSEが関係していると推測している。

▼山形市の1世帯当たりの食肉の購入量

種　類	牛肉（g）	豚肉（g）	鶏肉（g）
2000年	10,862	15,312	9,732
2005年	7,071	17,803	10,143
2010年	9,176	21,789	11,438

山形県の郷土料理、芋煮会の材料の肉の種類は牛肉や豚肉で、鶏肉を使

うことはあまり聞かない。

山形市市民の年間の食肉の購入量は、牛肉よりも豚肉利用が多いことは、東北地方全体の豚肉文化の影響による。ただし、関東では山形牛や米沢牛を利用するすき焼き専門店は多い。このことは、自分たちの食生活に利用する食肉は、昔からの食文化を受け継いでいることを意味し、生活のための収入源として牛肉が存在していることを意味している。

家計調査によると、山形市の1世帯当たりの鶏肉の購入量は、豚肉に比べれば少ないが、山形市の2011年の鶏肉の購入量は12,034gと前年よりも多くなっていることから、2012年以降も増加すると推測している。総じて、日本の各家庭の生活費は減少か、物価上昇に追随していけない家庭が多いことから、感染症などの突然の事故がなければ、計画生産が可能な鶏肉を購入し、重要なたんぱく質供給源となると推測している。山形県内の鶏卵の生産は「都道府県格付研究所」のホームページ（2013年8月）を参考にすると年間12,000トンで、全国では35位である。

山形県の地鶏や銘柄鶏には、赤笹シャモ（観賞用で、山形地鶏の交配に使われた）、やまがた地鶏、出羽路どり、山形県産ハーブ鶏などがある。

鶏肉も鶏卵も出荷先は主に山形県内で、一部は関東へも出荷している事業所がある。鶏肉や鶏卵の料理には、全国的に普通にみられるものが提供され、特別なものはないようである。

知っておきたい鶏肉、卵を使った料理

- **鳥のもつ煮**　郷土料理。鶏のレバーや砂肝、キンカン（卵巣）、皮などを軟らかく煮込んだ料理。最上地方では鶏を飼う農家が多く、農村部では祝い事があると鶏をさばいてお祝いした。新庄市周辺も養鶏業が盛んで鶏料理が定着しており、家庭でも日常的に食卓に登場し、居酒屋では定番のメニューだ。なお、新庄では他にも牛のモツも馬のモツも食べる。なお、鳥もつの名称の説明は、巻末の付録3の「焼き鳥」の説明を参照。
- **愛をとりもつラーメン**　愛を鳥もつラーメン。新庄市で食べられているご当地ラーメン。養鶏業が盛んだった新庄で昔から食べられている“鳥のもつ煮”を入れたラーメン。縮れ麺で鶏がらスープのあっさり醤油味。鳥もつもあっさりしてラーメンによく合う。酢を入れても美味しい。大正時代に開店したお店もあるほど歴史がある。「愛をとりもつラーメン

の会」を発足し全国に情報発信をしている。

- **COME店そば**　かむてんそば。ご当地グルメの蕎麦。山形の日本そばは美味しいことで全国的に評判が高い。その中でも新庄には自慢の日本そばがある。そのそばに、今や新庄名物となった“鳥もつ”をトッピングした。そばつゆと鳥のもつ煮は相性が良い。新庄駅前商店街が開発した。
- **とりもつバーガー**　ご当地グルメのハンバーガー。刻んだ鳥のもつ煮を混ぜたチキンのパテを使い、メンマと白髯ねぎをトッピング。ソースは中華風ソース。有志が「もつラボ」を結成して新庄のもつ文化で町興しを進めている。
- **冷やしとりそば**　寒河江で提供される冷製のそば。暑い山形の夏を乗り切るため茹でたそばを冷水でしめ、冷たい鶏だしをかけ、スライスした鶏肉、ねぎを載せて食す。山形には、“冷やし”と付く料理が多く、氷の載った冷やしラーメンや冷たいお茶漬けもある。
- **スモッち**　殻付きの鶏卵を、桜とサクランボのチップで燻製にしたスモークエッグ（燻製たまご）で、中の黄身はしっとりとした半熟の状態。1個ずつ包装されているので、開封するとスモークの香りが漂い、食欲をそそる。白い卵の「スモッち」と、少しコクのある赤い卵の「スモッちGOLD」がある。天童の半澤鶏卵が販売する。

卵を使った菓子

- **ホワイトロール**　300年以上前に創業した鶴岡市の清川屋が製造する洋菓子。卵黄を使わずに卵白だけで作られたもちもちのスポンジで、県内産のフレッシュ牛乳を使ったミルキーな極上の生クリームを包んだ洋菓子。
- **おしどりミルクケーキ**　長く愛されている山形を代表するお土産品。卵と牛乳由来のタンパク質やカルシウムが豊富に含まれており、食べる牛乳といわれている。味は、イチゴ、抹茶などもあるが、山形名産のさくらんぼの佐藤錦や洋ナシのラフランスをブレンドした商品もある。東置賜郡の日本製乳が作る。

地　鶏

- **やまがた地鶏**　体重：雄平均3,000g、雌平均2,000g。県農業総合研究センターが赤笹シャモと名古屋種、横斑プリマスロックを交配して2003（平成15）年に開発した地鶏。もも肉が赤みを帯び、旨みに優れ、コクがあり、見た目と味わいを兼ね備えた鶏肉。グルタミン酸がブロイラーより10％多いのも特徴。平飼いで「やまがた地鶏飼養管理マニュアル」に準じて約140日間もの長期間飼養。やまがた地鶏振興協議会が生産する。

銘柄鶏

- **山形県産ハーブ鶏**　体重：雄平均3,000g、雌平均2,900g。植物性飼料に天然ハーブを添加した飼料で育てるので、鶏肉の嫌な臭みが少なく、コクのある鶏肉に仕上がっている。飼養期間は平均50日。鶏種はチャンキーやコブ。ニイブロが生産する。

たまご

- **朝採り紅花生たまご**　衛生的な鶏舎で、厳選した飼料と、山形県産の紅花や米ぬかなどを与えることで、卵白は生臭みが少なく、卵黄に甘みとコクが感じられる。美味しさと鮮度にこだわった卵。鶏が元気になるように健康管理を徹底。山田ガーデンファームが生産する。
- **山形の活卵**　のびのびとした広く清潔な鶏舎、山形の自然が育てた飼料を食べた、ストレスのない健康な鶏が産んだ卵。板垣養鶏場が生産する。

その他の鳥

- **ダチョウ飼育**　朝日町で飼育し、肉と卵、そして、皮を加工して高級皮革のオーストリッチとして販売している（ダチョウの説明は付録1を参照）。

県鳥

オシドリ、鴛鴦（カモ科） 雄の冬羽は、緑色の冠毛と翼に栗色から橙色のイチョウの葉の形をした反り上がった剣羽、思羽があり、胸は紫、背はオリーブ色で非常に美しい。名前の由来は、雌雄が寄り添って泳いだり休むので、雌雄の仲が良いことに由来し、“鴛鴦夫婦”や“鴛鴦《えんおう》の契り”の言葉もある。英名は Mandarin Duck で雄の冬羽が、中国清朝時代の官吏風の服装に由来。長崎県、山形県、鳥取県も県鳥に指定。

汁　物

汁物と地域の食文化

山形県の成立には、かなり複雑な歴史的背景があった。幕末の庄内鶴岡の酒井藩、最上新庄の戸沢藩、置賜《おきたま》米沢の上杉藩などの分立があり、その結果、生活習慣や方言において地域による違いが著しかったようである。地域により地理的条件や気候風土が違うので、料理文化も一様でなかった。郷土料理の山菜料理は各家庭で育まれた素朴な味わいのものであった。

山形県は、最上川の船頭が考案したという「芋煮会」は、郷土料理として発生しているが、現在は人々の交流の会として年々盛んになっているようである。これに似た会は、他の県でも人々の交流の場やアウトドアの楽しみとして大小さまざまな形で行われている。

米沢盆地や山形盆地、新庄盆地の夏と冬の温度差が大きく、この自然の気候変化を利用した野菜や食用花の栽培も盛んである。汁物の一種で「冷やし汁」は味付けは醤油・みりん・塩で濃い目に味付けたもの、生味噌で味付けたものがある。汁物より「おじや」のようなもので、各地の盆地で発達した野菜の漬物を加えるのが特徴である。内陸では納豆と味噌を擦り混ぜた「納豆汁」も利用される。この中には豆腐、塩漬けした野菜類を加える。山形のタケノコでは月山ダケ、吾妻ダケなど山地の名をつけたネマガリダケの新鮮なものは、煮物に近い汁物の「孟宗汁」がある。また、日本海のマダラから、肝臓も使った「タラのとんがら汁」を大鍋で作り、大勢で食べる。

汁物の種類と特色

山形県の代表的な汁物の郷土料理は、最初に「芋煮会」が挙げられる。山形県では、古くから、稲の稔る頃に食べるものとして芋（サトイモ）を煮て食べる風習がある。旧暦8月15日夜は「芋名月」といい、かつての風習である神社や家庭の神棚、あるいは月の明かりに照らされる縁側や座

凡例　1世帯当たりの食塩・醤油・味噌購入量の出所は、総理府発行の2012年度「家計調査」とその20年前の1992年度の「家計調査」による

敷にサトイモを供えて祝った、農耕神事に由来するという説、最上川舟文化としている船頭たちが最上川の川岸で休息をとった時に、サトイモを煮て食べた鍋料理がルーツであるという説もある。現在は、秋の稲刈りの時期がサトイモの収穫時期に当たるので、親睦の目的で、親しい人たちが集まり、川岸だけに限らず、アウトドア的な食事会として行われている。

芋煮会で食べるサトイモの鍋物は、「芋の子汁」といわれ、大きな鍋にサトイモ・米沢牛肉・豚肉・鶏肉・豆腐・コンニャク・根菜類を入れて、味噌仕立てで煮たものである。「いものこ汁」は秋田にもあり、似たような鍋物は京都や津和野にもある。かつては、北前船で運ばれた干タラ、ニシンの干物などを入れた。

その他、青大豆の擦り潰したものを入れた味噌汁の「呉汁《ごじる》」、タラの粗と酒粕や辛味噌で味付けて煮込んだ漁師料理の「どんがら汁」(ふくだら汁)、擦り潰した納豆とサトイモ、シイタケ、ネギなどの野菜のほかに、豆腐やコンニャクを入れて煮込んだ「納豆汁」などがある。納豆汁には、干しズイキは必ず入れ、赤味噌仕立てで煮込む。これらの料理は、質素であるが栄養のバランスを考えた汁物である。

孟宗竹のタケノコと油揚げを酒粕と味噌で調えた汁で煮込んだ「もうそう汁」は、季節の料理として作られている。米沢藩が出陣のときに食べた「冷や汁」は、季節の茹で野菜に、水で戻した乾物を加えて煮たものを、ご飯にかけて食べた。ナメコを加えた味噌汁の「厚木ナメコ汁」もある。

食塩・醤油・味噌の特徴

❶食塩の特徴

山形県には食塩の製造が行われていない。

❷醤油の特徴

山形産の醤油の原料には、山形産の大豆を使い、地域ブランド醤油もある。地元の醤油メーカーは、だし醤油、土佐醤油など用途別の調味醤油または合わせ醤油も開発している。

❸味噌の特徴

地元の味噌メーカーは、山形産の大豆を原料としている。米麹のたっぷり使われている「赤味噌系」の味噌が多い。郷土料理の「三五八漬け」は、「塩３・麹５・蒸し米８」からなる漬け床で作る漬物である。

1992年度・2012年度の食塩・醤油・味噌の購入量

▼山形市の1世帯当たり食塩・醤油・味噌購入量（1992年度・2012年度）

年度	食塩（g）	醤油（mℓ）	味噌（g）
1992	5,688	20,364	12,924
2012	4,953	11,014	8,166

▼上記の1992年度購入量に対する2012年度購入量の割合（%）

食塩	醤油	味噌
87.1	54.1	63.2

山形県の1世帯当たりの食塩、醤油の購入量は1992年度も2012年度も、東北地方の他の県に比べて多いのは、各家庭で野菜の塩漬けや醤油漬けを作るからであると思われる。

1992年度の食塩・醤油・味噌の購入量に比べて、20年後の2012年度の食塩の購入量は87.1%に減少しているが、東北地方の他の県庁所在地に比べて、減少の割合が多くないのは、野菜類の塩漬けを作り続けている家庭が多いことを意味していると思われる。1992年度の醤油の購入量に対して2012年度の購入量は54.1%に、味噌の購入量は63.2%に減少しているのは、家庭での醤油漬けや味噌漬けが減少し、また20代までの年齢層の人々のなかで味噌汁の利用が減少したことも考えられる。

地域の主な食材と汁物

山形県は、地理的条件から庄内と内陸の2つの地域に分けられている。海に面している庄内地方の食生活には、入手しやすい新鮮な魚介類や庄内平野で収穫される農作物の恩恵を受けているものも多く、庄内から遠く離れた内陸は、新鮮な魚介類の入手は困難なので、塩干し魚や塩蔵魚の利用が多かった。

山地に囲まれた地形であるが、北西部の海の沖合は好漁場である。内陸部は、果物が栽培されている。庄内地方では伝統野菜が栽培されている。

主な食材

❶伝統野菜・地野菜

温海《あつみ》カブ、アサツキ、だだちゃ豆、民田《みんでん》ナス、延命楽《えんめいらく》・もってのほか、

小真木《こまき》ダイコン、悪戸《あくと》イモ、外内島《とのしま》キュウリ、花作《はなつくり》ダイコン、雪菜、山形青菜《せいさい》、平田ネギ、藤沢カブ

❷主な水揚げ魚介類

スルメイカ、マダラ、トビウオ、養殖のヒメマス・コイ

❸食肉類

米沢牛

主な汁物と材料（具材）

汁　物	野菜類	粉物、豆類	魚介類、その他
いるか汁	ふだんそう、ネギ、ジャガイモ、サヤエンドウ		塩鯨、味噌仕立て
いものこ汁	サトイモ、ネギ		鶏肉、コンニャク醤油仕立て
どんがら汁	ダイコン、ネギ	豆腐	マダラの粗、昆布、岩ノリ、酒、みりん
川魚のどんがら汁	うわばみそう		マスまたはサケ、味噌仕立て
いも煮（芋煮会）	サトイモ、ネギ、キノコ	豆腐	牛肉、コンニャク、酒、砂糖、醤油、味噌
キュウリとミズの冷や汁	キュウリ、ウワバミソウ（赤ミズ）、ヤマトキホコリ（青ミズ）		味噌、冷水
品川汁	カブ、ニンジン、ゴボウ、ネギ	大豆、油揚げ	コンニャク、味噌、だし汁
けのこ汁	ダイコン、ニンジン、ゴボウ	黒豆、油揚げ	ずきだま、コンニャク、だし汁、味噌
納豆汁	芋柄、塩蔵キノコ、ゴボウ、ニンジン、セリ、赤じその葉	納豆、油揚げ、木綿豆腐	コンニャク、粒味噌
福鱈汁			一塩タラ、ダシ昆布、水、醤油
孟宗汁	孟宗筍、干しシイタケ	油揚げ	煮干し、味噌、酒粕、水

だだみ汁	ネギ		マダラの白子（＝だだみ）、味噌仕立ての澄まし汁
呉汁	ネギ	大豆→呉汁、生揚げ	鶏もも肉、コンニャク、だし汁
厚木ナメコ汁	ナメコ、三つ葉	豆腐	かつお節だし、味噌

郷土料理としての主な汁物

- **キュウリとミズの冷や汁**　生味噌と冷水で作る「冷や汁」は、夏の暑い日盛りに、火も労力も費やさない食事の支度ができるようにと、生活の知恵が生んだ郷土料理である。山形県全域でみられる。山の仕事へ出かける時には、昼食用のご飯は「わっぱ」に詰め、味噌やキュウリを持って行く。昼には、キュウリ、山で摘んだ山菜、味噌をわっぱのご飯にのせ、冷たい谷川の水をかけて食する。
- **いも煮**　芋煮会の起源についてはさまざまな説がある。1693年以前のこと、最上川の舟運の終点であった中山町長崎という地域で、船頭たちが舟着場のそばにあった松の枝に鍋を吊るし、運んできた棒ダラとともにサトイモを煮て食べたという説の支持が多いようである。やがて、山形市の馬見が崎の川原で行われる「芋煮会」が有名になってから川原で行われるようになったが、川原に限らず家族や友人・知人の集まりとして芋煮会が行われるようにもなった。材料の組み合わせは、地域や行う人々によっても違うが、昔のように棒ダラを使うことはなく、牛肉や豚肉、サトイモ、コンニャクが欠かせない材料である。現在は、山形県だけでなく、東北の各県で独自の芋煮会を開いている。味付けについては山形県をはじめ多くの地域は味噌味であるが、秋田県のように醤油味のところもある。
- **けのこ汁**　庄内地方の小正月の２日目の行事食であったが、現在は１月２日の朝食の膳に出す「粥」で、梅干しもつく。
- **品川汁**　一般にいわれる「呉汁」である。山形県の村山地方では「しながわ汁」または「すながわ汁」といい、農家では大豆の収穫のときに畑に散らばった大豆を集めて作る。食べ方は、カブ、ニンジン、ゴボウも呉汁に入れて煮て、味噌仕立てにする。

- **納豆汁**　山形県全域で作る冬の汁物である。正月七日の朝の行事食として、７種類の汁の実を組み合わせ、「七草汁」とするところもある。雪国の人が生み出した若草を摘んで、七草のお祝いとして「七草汁」を生み出したと伝えられている。山形県の納豆汁は精進料理なので、動物性食品は使わない。
- **ナメコ汁**　ナメコとサイコロ状に切った豆腐を具にした味噌汁。
- **どんがら汁**　日本海に面した庄内地方の冬の食べ物である。「どんがら(寒鱈)」は「胴殻」の変化した言葉で、「魚の粗」のことである。マダラの粗を使うことから、「たら汁」の呼び名もある。庄内のタラ漁業は元禄時代の終わり頃から始まったが、本格的には1878（明治11）年からであると伝えられている。
- **福鱈汁**　最上地方の年取り膳につけられる一塩タラの汁物。最上地方は新鮮なマダラの入手が困難なため、一塩タラと季節の野菜を、昆布だし汁で煮て、醤油で調味する。だし汁に昆布を使うのは、「喜ぶ」に通じる意味からである。
- **孟宗汁**　季節の食品として使われるタケノコを具にする孟宗汁は、庄内地方でのみ作られる。「月山だけ」というのは「根曲りだけ」のこと。この汁は煮物に近い汁である。「たけのこ汁」は、月山筍の味噌汁といい、霊峰・月山の麓で採れるタケノコは、「月山筍」とよばれ味がよいので、下茹でしないで味噌汁の具にする。
- **六浄豆腐の吸物**　京都では「六条豆腐」といい、豆腐を乾燥したもの。かつては、修験者たちの携帯食で、自分で刃物で削ってそのまま食べたといわれている。一般には、吸物や和え物としている。山形の「六浄豆腐」は、1937（昭和12）年頃に、京都の六条出身の行者が、製造法を山形県の西川町の岩根沢の片倉家に教えた。岩根沢の土地柄の「六根清浄」という精神と「六条」をかけた「六浄豆腐」とした。現在、片倉家では、一年中で最も雨の少ない、八十八夜の宵から１か月かけて作るプロセスチーズのようなものである。山形では、六浄豆腐とジュンサイ(ナメコ)、三つ葉、ミョウガなどをだし汁に入れ、醤油味の澄まし汁に仕上げる。

伝統調味料

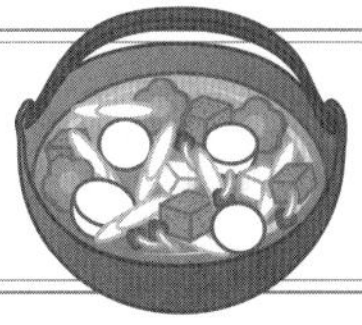

地域の特性

▼山形市の１世帯当たりの調味料の購入量の変化

年　度	食塩（g）	醤油（ml）	味噌（g）	酢（ml）
1988	8,017	22,933	15,151	2,176
2000	5,487	15,037	11,890	2,883
2010	5,634	8,093	9,389	2,862

山形県の名は、平安時代には今の山形市の南側を「山方郷」といわれたことに由来する説、山の麓という説、最上川上流を山の方という説など諸説がある。実際の山形県は冬は雪が多く、夏は暑すぎるほど気候的には厳しい地域である。関西と交流が盛んだったことから、食文化にも京の面影が残っている。日本海からの新鮮な魚介類が入手でき、戦後は畜産関係にも力を入れブランドの米沢牛は関東で取り扱っている料理店は多い。古くから庄内平野は米どころで、江戸時代には商品作物として重要だった。

山形の代表的郷土料理の「芋の子汁」は、サトイモの冬場の貯蔵が難しいことから、米の収穫時期に食べてしまう風習が発端といわれている。最上川流域の川原で親しい人たちが集まって食べる「芋の子汁」は、芋煮会とよんでいる。具として米沢牛は欠かせず、味噌仕立てのゴッタ煮である。山形市の1988年、2000年とも醤油の購入量が味噌の購入量よりも多いのは、郷土料理としての芋の子汁をつくる頻度が多いことや、山形の郷土食の球状の玉コンニャクの利用も関係があるのではないかと思われる。山形のコンニャクは、かつて芭蕉が立ち寄った宝珠山立石寺付近が発祥の地らしい。

山形の郷土食の「温海蕪漬け（あつみかぶづけ）」は、温海カブという紫色のカブである。この漬物に使われる調味料は食塩・砂糖・酢である。山形市の１世帯当たりの酢の購入量が、東北の他の県庁所在地の世帯よりも多いように思われる。これは、各家庭で温海蕪漬けを用意しているためかと思われる。山形の郷土食の「三五八漬け」は、ダイコン、ナス、キュウリの漬物である。これには塩のほかに、麹と蒸し米を漬け床に使う。麹のもつ酵素が材料の作用し、また蒸し米内の成分の分解物が素材にうま味として加わり美味しく漬物ができる。近年、調味料として麹が注目されているが、麹が漬物に利用している例は各地の郷土食にみられる。

山形の郷土料理にも味噌を使ったものが多い。「呉汁（ごじる）」は青大豆を水に浸して軟らかくし、磨り潰した「ご」に味噌を入れてみそ汁にしたものである。「どんがら汁」は、「納屋汁」ともいい、温海地方の漁師鍋である。寒い冬に漁師がタラの頭・内臓・中骨などを味噌仕立てにした、体を温める鍋である。辛口味噌を使うのが特徴なのは、宮城県に隣接していることと関係があるように思える。

知っておきたい郷土の調味料

醤油・味噌

- **山形県の醤油の特徴**　山形県の食文化の特徴として、魚の塩焼きや野菜の漬物にも醤油をかけるほど、塩分の濃い味付けであるといわれているが、かつては金沢でも梅干しに醤油をかける習慣があった。これは、塩辛いものを好むのではなく、醤油の成分のアミノ酸によりわずかにまろやかな味に変わり、より美味しく食べられるからと推察する。

　山形県内の醤油の原料の大豆は、山形産のものを使っている。山形県内には天保15（1844）年から醤油を製造・販売している老舗（㈱丸十大屋）もあれば、昭和40年代から醤油の製造・販売を始めたマルセン醤油㈱という会社もある。丸十大屋は「味のマルジュウ」のブランドで「だし醤油」を売り出し人気となっている。マルセンは醤油を直接消費者に届けるという行商スタイルで、人間関係を密にして、全国展開し、現在は「味の大名　マルセン醤油」のブランドで販売している。

　明治25（1892）年の創業の㈱木村醤油店は、ヤマイチ醤油・味噌の醸造元。「本醸造特級醤油　味の司」「土佐醤油　板前さん」などの商品を販売している。
- **山形の味噌**　山形県内で製造している味噌の原料の大豆は、山形産を使用している。㈱庄司久仁蔵商店の製造している「極上みそ」は、米麹がたっぷり入った手作りの赤味噌である。原田こうじ・味噌は、たっぷりの麹を使用し「自家製三・五・八」「特上こうじ味噌」を製造・販売している。佐藤糀屋も「三・五・八」「完熟味噌」を製造・販売している。「三・五・八」とは、山形の郷土食品の「三五八（さごはち）漬け」に使う漬床のことで、「塩３・麹５・蒸し米８」からなる漬床である。

- **山形県の醤油・味噌製造会社**　山形県の醤油・味噌醸造会社には、置賜地区に11社、村山地区に23社、最上地区には８社がある。

たれ・つゆ

- **醤油・味噌醸造会社のたれ・つゆ**　醤油・味噌醸造会社の多い山形県では、会社独自のたれやつゆを作っている。「ヤマイチのつゆ」（木村醤油店）、「本かえし」（山一醤油製造場）、「割烹風つゆ」（丸十大屋）、「うまいたれ」「味まるひら」（平山孫兵衛商店）などがある。
- **トビウオのつゆ**　醤油にトビウオの焼き干しのだしをたっぷり入れた万能調味料。トビウオは山形県の沖の飛島にやってくる。トビウオが回遊してくる北限である。ここで漁獲したトビウオの焼き干しのだしを入れた醤油は、上品なうま味があり、煮物にも麺類のつゆにもよい。
- **うこぎのパスタソース**　春先に山形の山菜のウコギにグレープシードオイルを加えたペースト状のソース。カツオや味噌の風味があり、パスタの調味料に使うと、イタリアンが和風の美味しさを演出している。

食酢

- **醸造会社で製造**　例えば、㈱庄司久仁蔵商店は、味噌やたまり醤油も作っているが、米酢も作っている。

郷土料理と調味料

- **醤油・味噌会社の漬物**　山形県は漬物の豊富な地域である。とくに、醤油・味噌の醸造会社で作っているものも多い。三五八（さごはち）漬け（原田こうじ・味噌、佐藤糀屋）、ぽろぽろ漬け（平山孫兵衛商店）、梵天丸深漬け・梵天浅漬け・おみ漬け（内藤醸造）などがある。
- **三五八（さごはち）漬け**　「塩３・麹５・蒸し米８」からなる漬け床に

ダイコン・ナス・キュウリを漬けたもの。

- **民田（みんで）なす漬け**　民田なすは、鶴岡郊外の民田地方で栽培される小粒のナス。このナスを塩漬けした後に芥子漬けにしたもの。歯応えがよく美味しい。米沢地方の小粒のナスは窪田ナスといい、一夜漬けにすることが多い。
- **野菜の粕漬け**　キュウリ・ナス・山菜の粕漬け。いったん古い粕床に漬けてから、秋になってから新しい粕床に漬けるとコクと香味のある漬物となる。
- **家多良（やたら）漬け**　ダイコン・ゴボウ・ニンジン・レンコン・キュウリ・ナス・キャベツ・ミョウガ・シソの実をいったん塩漬けしてから細かく刻み、1年間味噌漬けしてから、醤油・砂糖・塩で調味したもの。
- **だし**　魚や野菜の「だし」ではなく、漬物の一種。山形県村山地方の郷土料理。夏野菜と香味野菜を細かく刻み、醤油で和えたもの。ご飯や豆腐にかけて食べる。㈱マルハチが商標登録している。発祥の地は尾花沢市。

発　酵

紅花

◆地域の特色

東側の宮城県との境に奥羽山脈、西側に朝日連峰があり、県域の大半を山地が占めており、森林の割合が高く農業用地の割合は15%である。県の中央には最上川が流れており、この川の流域に多くの人が住んでいる。県内全域が日本海側気候であり、県全域のおよそ90%が特別豪雪地帯である。日本海に面する庄内地方が、夏冬ともに県内では最も気温が高い。夏は熱帯夜になるほど蒸し暑い一方、冬は温暖だが、日照時間が少ない。雪は降っても解けやすく、山形市の場合、積雪量はそれほど多くはない。一方、置賜地方など内陸側は寒暖の差が激しく、−15℃近くまで下がることも珍しくない。夏は非常に暑いが、朝晩は涼しくなる。村山地方、最上地方、置賜地方、庄内地方の四つの地方に分けられ、それぞれ気候、文化などの面で違いがある。

山形県は全国的に有名な果樹王国であり、主な生産品としては佐藤錦などのサクランボ、ラ・フランスなどのセイヨウナシがある。ビール醸造に使われるホップも作られている。東北各県や新潟県とともに稲作が盛んであり、はえぬき、つや姫、雪若丸などが生産されている。

◆発酵の歴史と文化

江戸時代の二大染料は、「諸国産物見立相撲番付」に西の関脇が「阿波の藍玉」、東の関脇が「最上紅花」とあるように、最上川流域に紅花の大産地が形成されていた。今でも、最大の産地として有名で最上紅花を使って紅が造られている。紅花は発酵させることでなんともいえない紅色が誕生する。紅花の花弁は揉みながら黄色い色素を洗い流し、日陰で朝、昼、晩と水を打ちながら発酵させる。発酵した花弁を臼に入れてつき、団子状に丸め、天日干しをして紅餅が完成する。

紅花の紅餅は、舟運の発達により最上川から北前船で遠く京都などに運ばれた。最上川流域では商業が発展し上方の文化が移入した。

◆主な発酵食品

醤油　山形県は醤油の1人あたりの消費量が8554mmℓと、最も多い県である（2018（平成30）年調査）。魚の塩焼きや野菜の漬物などにも醤油をかけることが多く、しょうゆ味ベースの芋煮が盛んなことも影響していると思われる。ちなみに、2位は鳥取県、3位は青森県である。製造会社は、村山地区が多く18社、置賜地区が9社、庄内地区と最上地区は合わせて4社と少ない。

現在、醤油にだしを入れて作った「だし醤油」は、全国の醤油メーカーが製造し人気商品となっている。1844（天保15）年創業の丸十大屋《まるじゅうおおや》（山形市）は、1964（昭和39）年に「だし醤油」を出したパイオニアである。その他、1789（寛政元）年創業の山一醤油製造所（長井市）をはじめ、大千醤油店（長井市）、いげたや庄司醸造場（北村山郡）、キッコーセン醤油醸造（新庄市）、市原平右衛門商店（酒田市）などで造られている。

味噌　県内で豊富に穫れる米と大豆を原料として、辛口の米味噌を中心としてさまざまなタイプの味噌が造られている。上述の丸十大屋（山形市）のほか、1841（天保12）年に糀屋善兵衛として創業した深瀬善兵衛商店（山形市）では、味噌のほか、麹や甘酒も販売している。その他、高梨味噌醤油醸造場（村山市）、三吉麹屋（西村山郡）、すずき味噌店（西置賜郡）、花角味噌醸造（米沢市）などで造られている。

日本酒　山形は名水の宝庫であり、鳥海、朝日、月山など山系ごとに異なる水質は、個性的でバラエティ豊かな酒を生み出している。酒造好適米も、「出羽燦々」「雪女神」などが開発されている。各蔵元の県産酒の向上に対する意識も高く、山形県工業技術センター食品醸造技術部の指導による高品質の吟醸酒造りには高い定評がある。その結果、吟醸酒の出荷割合が高いのも山形県の特徴の一つである。2016（平成28）年には、県単位ではじめて地理的表示保証制度「GI」の指定を受けている。

酒造りばかりではなく、文化的な意識も高く、朝鮮李王朝時代の白磁など、新羅、高麗、李朝期の壺、酒器を展示する出羽桜美術館（天童市）や、樽平酒造10代目井上庄七が収集した中国、朝鮮、古代の陶磁器600点ほどを収蔵している掬粋巧芸館（東置賜郡）などもある。

1597（慶長2）年創業の小嶋総本店（米沢市）、吟醸酒の市販化のパイオニアと評価の高い出羽桜酒造（天童市）のほか、和田酒造（西村山郡）、朝日川酒造（西村山郡）、高木酒造（村山市）、東北銘醸（酒田市）、楯の川酒造（酒田市）、酒田酒造（酒田市）、亀の井酒造（鶴岡市）、冨士酒造（鶴岡市）、渡會本店（鶴岡市）、加藤嘉八郎酒造（鶴岡市）、鯉川酒造（東田川郡）、米鶴酒造（東置賜郡）、樽平酒造（東置賜郡）、東の麓酒造（南陽市）など49の蔵がある。

焼酎　「まぼろしの枝豆」と呼ばれるだだちゃ豆を使った焼酎を造る金龍（酒田市）、山形産ソバを使ったそば焼酎を造る古澤酒造（寒河江市）などがある。

ワイン　1939（昭和14）年創業の大浦葡萄酒（南陽市）、1940（昭和15）年創業の佐藤ぶどう酒（南陽市）、1944（昭和19）年創業の朝日町ワイン（西村山郡）のほか、高畠ワイナリー（東置賜郡）、浜田（米沢市）、月山トラヤワイナリー（西村山郡）、蔵王ウッディーファーム（上山市）、月山ワイン山ぶどう研究所（鶴岡市）など13のワイナリーがある。

どぶろく　2007（平成19）年、酒田市がどぶろく特区認定を受けたのを契機に製造を開始した酒田醗酵（酒田市）のほか、農家レストランこだま工房（村山市）などで造られている。

雪割納豆　雪の多い置賜地方で作られる、納豆に米麹を加えた後、一定の温度で長い時間かけて発酵させたものである。塩辛い中にも深いコクと旨みをもつ。

菊花漬け　食用黄菊を歯ごたえのよいキュウリやミョウガ、赤トウガラシなどを加えて漬け込んだもので、見た目の華やかさも魅力の漬物である。

庄内小ナス漬け　庄内地方の特産の民田《みんでん》ナスの漬物で、粕漬け、からし漬け、味噌漬け、糀漬け、しょうゆ漬けなどがある。

あけがらし　長井市の老舗醸造所の「山一醤油」の女性だけに製法が伝わる、米麹、辛子、麻の実、生しぼり醤油、三温糖を原料に発酵させた秘伝の食べものとされる。和がらしによる辛さ、麹の芳醇な甘み、麻の実のカリッとした食感で、ご飯のお供や酒の肴にもなる。

アミエビ醤油　庄内の海で獲れる「アミエビ」を使った魚醤である。

塩納豆　納豆を塩漬けにして発酵させた酒田市の郷土食である。現在では納豆に塩麹と昆布を入れて風味をよくしたものが多く出回っている。

醤油の実　大豆、米、大麦を用いて麹にし、生醤油で仕込み、発酵熟成させる。かつて、寒い時期の食物として、各家庭で掘り炬燵の中で保温して醤油の実が作られていた。ご飯にのせて食べるとおいしい。

おみ漬け　青菜を細かく刻み、ほかの野菜とともに漬けた山形県を代表する漬物の一つである。余った野菜などを無駄にしないようにと、近江商人が伝えたことから、近江漬けが転化しておみ漬けと呼ばれるようになったといわれる。

最上川漬け　日本海で獲れたサケの親子の粕漬けで、サケの切身を軽く焼いて、イクラと一緒に食べる。

◆発酵食品を使った郷土料理など

味噌餅　置賜地方で古くから食べられている郷土食で、「ゆべし」にも似ている。焼きたてはトロトロで、味噌の香ばしさや甘さが特徴である。

納豆餅　丸いお餅に醤油ベースのタレと納豆とネギがまぶしてある、県内各地で食べられている郷土料理である。宮城県や北海道の一部にもある。

納豆汁　納豆を加えた味噌汁の一種で、材料は納豆、味噌、豆腐、油揚げ、野菜類などである。

寒鱈汁《どんがら》　庄内地方の冬の郷土料理で、寒鱈の身とトロリとした白子を長ネギ、豆腐、岩ノリとともに味噌仕立てにしたものである。

孟宗汁　鶴岡など庄内地方でタケノコが出る5月中旬頃からの郷土料理で、酒粕と味噌で仕立てた具だくさんの汁物である。

ひっぱりうどん　茹で上がったうどんを釜や鍋からすくい上げて、そのまま納豆やサバ缶などで作ったタレで食べるうどんである。

鯉こく　輪切りにしたコイの味噌煮込み料理で、置賜地方でおせちとともに食される。「コイの甘露煮」や「鯉こく」などのコイ料理も

である。

玉こんにゃく　玉こんにゃくを串で刺して醤油で味付けをした郷土料理である。「山形おでん」とも呼ばれる。ちなみに山形県はこんにゃくの消費量全国1位である。

ハタハタの田楽　素焼きしたハタハタに砂糖と酒を加えた味噌をつけ両面を焼いて食べる。12月9日の大黒様のお歳夜で食べる鶴岡の郷土料理である。

酢だまり氷　山辺町の名物で、かき氷にイチゴなどのシロップの後から酢醤油（酢だまり）をかけたものである。

◆特色のある発酵文化

漬物文化　漬物は、冬場の重要な栄養源として、内陸部の山間地域に位置する豪雪地帯を中心に古来から盛んに食べられてきた。おみ漬けや青菜漬けが有名だったが、近年はタレントのダニエル・カールがNHKの料理番組で紹介したことをきっかけに「だし」も有名になった。

芋煮会《いもにかい》　秋に河川敷などの野外にグループで集まり、サトイモを使った鍋料理を作って食べる行事である。東北地方各地で行われる季節行事でもある。全国的に有名な山形の芋煮は村山地方のもので、牛肉、長ネギ、平こんにゃくに醤油で味付けをしたものであるが、県内4地方によって豚肉、味噌仕立てなど味付けや材料が異なる。

紅花《ベニバナ》　紅花は発酵させることでなんともいえない紅色が誕生する。紅作りの工程は、以下の4工程である。①花弁を摘み取る。②花弁についた汚れや葉、ガクなどの異物を取り除き水洗いする。③手でよく揉みながら黄色い色素を洗い流し、日陰で朝、昼、晩と水を打ちながら発酵させる。発酵により紅の色素は約10倍の量に増える。④発酵した花弁を臼に入れてつき、いったん団子状に丸めてから煎餅状に潰し、天日干しをして紅餅を完成させる。

置賜紬などの紅花染めは、紅餅を灰汁に浸し、色素を溶かし出し、そこに糸を浸して染めてゆく。この段階では、糸はオレンジ色に染まる。そこに酢などの酸を加えると、中和されて鮮やかな紅色になって染まる。

◆発酵関連の博物館・美術館

出羽ノ雪酒造資料館（鶴岡市）　幕府の天領であったため、藩政の時代から酒の町として栄えた大山地区にあり、380年続く老舗酒蔵の酒造りの古文書や道具、美術品などが展示されている。

初孫酒造資料館 蔵探訪館（酒田市）　酒造り工程の解説のほか、歴史ある看板や酒樽などが展示されている。

古澤酒造資料館（寒河江市）　1983（昭和58）年まで実際に酒造りが行われていた建物を利用して、酒造りの現場で使用された大甕など、道具の数々が展示されている。

酒造資料館 東光の酒蔵（米沢市）　大きな土蔵には昔ながらの造り酒屋の様子と酒造りの道具などが展示されている。

出羽桜美術館（天童市）　出羽桜酒造3代目仲野清次郎が収集した朝鮮李王朝時代の白磁などの壺、酒器などが展示されている。

掬粋巧芸館《きくすいこうげいかん》（東置賜郡）　樽平酒造を創業した井上家によって1932（昭和7）年に開設された東洋陶磁を中心とする美術館である。樽平酒造の蔵とともに、掬粋巧芸館本館は国の登録有形文化財に指定されている。

◆発酵関連の研究をしている大学・研究所

山形大学農学部食料生命環境学科　麹菌などの有用酵素の研究などが行われている。

慶應義塾大学先端生命科学研究所　バイオテクノロジーを用いて生体や微生物の細胞活動を網羅的に計測、分析し、コンピュータで解析、シミュレーションして医療、環境、食品などの分野への応用を研究しているバイオ研究所である。

山形県工業技術センター 食品醸造技術部　雪女神などの県独自の酒造好適米の開発、またそれに適した酵母の開発、製品化などの研究を行っている。

コラム　味噌の熟成とクラシック

ワインや日本酒などのお酒の発酵、貯蔵中に音楽を聞かせると熟成が進むという試みが、日本のみならず世界で行われている。

1844（天保15）年、紅花商として創業し、最上川から海へ出て敦賀まで運び、陸路で京都、大坂へ届けていた回船問屋としてスタートした丸十大屋《まるじゅうおおや》は、明治時代中期より味噌、醤油の醸造業を始めた老舗メーカーである。その丸十大屋の味噌蔵では、天井に7台のスピーカーが設置されている。朝の8時になるとバッハの「マタイ受難曲」「管弦楽組曲第一番」が響き渡る。これは、1日に9時間、半年間にわたってバッハの曲を流し続ける実験を行った結果、おいしい味噌ができ上がり、その醸造期間が約1割程度短縮できたからといわれている。

和菓子／郷土菓子

雛菓子

地域の特性

東北地方の日本海側に位置し、隣県には秋田、新潟、福島、宮城がある。県内には蔵王、月山《がっさん》、鳥海等の名山があり、福島県境の西吾妻山を源にした母なる川・最上川《もがみかわ》が流れ日本海に注いでいる。

県域のほとんどは元羽前国《うぜんのくに》で、南から置賜《おきたま》（米沢市）、村上（山形市）、最上（新庄市）、庄内（酒田市）の４地域に分かれ、日本海沿岸の庄内は、冬期雪は少ないが海が荒れ吹雪の日が多い。内陸の３地方は積雪地帯で、気候だけでなく方言や文化も異なっている。

山形の繁栄は最上川舟運と北前船によっていた。特産の米や「最上紅《もがみべに》花《ばな》」等が上方に運ばれ、上方からは砂糖や塩、木綿や木綿の古着を、北海道からは昆布や海産物を仕入れ、廻船問屋で潤った。北前船寄港地の酒田は、「西の堺、東の酒田」とまでいわれた。

今から300数十年前の1689（元禄２）年旧暦５月15日、松尾芭蕉と弟子の曽良は、『奥の細道』行脚で山形県内に第一歩を踏み入れた。その頃、県内は最上川舟運や北前船で大いに潤い「五月雨を　あつめて早し　最上川」の名句を残し、さらに最上紅花で「まゆはきを　俤《おもかげ》にして　紅粉《べに》の花」の名句を詠んでいる。奥の細道は全日数約150日。そのうち芭蕉と曽良は、県内に40泊をし、１カ月以上も滞在していた。

地域の歴史・文化とお菓子

紅花商人と京文化

北前船の寄港地酒田が繁栄をみるのは、1672（寛文12）年の河村瑞賢《ずいけん》による西回り航路の整備によるものであった。元禄年間（1688～1703）に書かれた、井原西鶴の『日本永代蔵』にある米問屋「鐙屋《あぶみや》」、日本一の大地主・本間家などの豪商が軒を連ねていた。

また最上川流域には、特産の紅花で財を成した紅花商人たちが輩出した。

芭蕉の句に詠まれた紅花は、江戸時代には「紅一匁金一匁《べにいちもんめきんいちもんめ》」といわれる高値で取引され、京口紅や京友禅の染料となった。山形は日本海を通し、京文化と深く関係していた。

酒田や鶴岡、最上川沿岸地方には、外国の美術商が買い付けに来るという素晴らしい「享保雛」や「古今《こきん》雛」の京雛が保存されている。享保雛の特色は、女雛の袴がふっくらと膨らんだ紅色で、この紅色こそ紅花で染められていた。最上地方に古い京雛が多いのは、紅花摘みに明け暮れする郷土の女性や子供たちに、汗の結晶の紅花で染めた「京雛」を、豪商たちが一目でも見せてやりたかったからに違いない。

紅花を運んだ船の帰り荷は、こうした豪華な「京雛」が運ばれ、さらに京都の雅な雛菓子も運ばれて来ていた。

酒田の雛菓子

春になると庄内では、和菓子屋さんの店頭に海や山の幸を模した色鮮やかな雛菓子が並び、家々の雛段に供える風習がある。酒田の老舗和菓子店・小松屋には、京都の職人が彫った雛落雁用の菓子木型が伝えられており、この店の創業は1832（天保３）年であった。

酒田には「本間様には及びもせぬが、せめてなりたや殿様に」という戯れ歌があり、豪商本間家は藩主・酒井氏を凌ぐ勢いであった。現在も酒田市内には本間美術館、本間家旧本邸、本間家旧本邸別館とゆかりの建物が多く、雛節供の頃には豪華な京雛が飾られる。この本間家の雛段を飾るのが小松屋の雛菓子であった。

小松屋の雛菓子は、縁起物の鶴や亀、稲穂に雀、鯛や蛤などを木型から抜いた片栗粉の打ち菓子で、１つ１つ丹念に彩色してゆく。品のよいその雛菓子は、京の菓子文化を今に伝えていた。

鶴岡の雛菓子

商都酒田に対し、鶴岡は城下町で雛祭りは主に上級武士や豪商の家で行われていた。雛菓子は、日持ちのする米粉で作るめでたいタイやお多福の面などの干菓子、有平糖などの飴細工が主であった。が、明治になり雛祭りは庶民の間にも一般化し、雛菓子も変化した。

さらに戦後、昭和27、8年頃から煉り切り（漉し餡に求肥《きゅうひ》や裏漉しした山芋を加え煉り上げた餡のこと）を彩色してタイやエビ、モモや民田《みんでん》茄子《なす》などを模した生菓子製の雛菓子が作られ、これらをお膳に盛った色鮮やかな雛菓子が主流となった。

広く普及した煉り切りの雛菓子は、地元の季節の魚・桜マスの切り身やサクランボ、最近はラ・フランスといった果物もつくられている。菓子店には「お膳一盛り」「二盛り」と注文し、庄内の「盛り雛菓子」文化は独自の発展と進化で、地域にしっかりと定着していた。

行事とお菓子

①最上地方の雛菓子・くじら餅

新庄地方では、雛祭りが近づくと「お雛見」という行事があった。子供たちが旧家のお雛様を見て回る習わしで、家々では子供たち用に雛あられや自家製のくじら餅を用意して待っていた。くじら餅はもっちりとした甘い餅で、子供たちはお雛様を見るより、家々で振る舞ってくれるくじら餅が目当てであった。

②くじら餅の由来

くじら餅は、もち米とうるち米の粉に砂糖や醤油等を煉り合わせ、くるみなどを加え一晩ねかせて蒸したもので、起源は新庄藩の兵糧《ひょうろう》食だったといわれる。保存性があることから「久持良餅」（久しくもつよい餅）と書かれたりする。「鯨餅」は、江戸時代の菓子製法書等にみられるが、山形県下のものは全く別物で、地元では餅が今よりずっと大きかったことから鯨に見立てたという説もある。

貴重品だった砂糖や醤油を使って作る餅は、大切な「節日《せちにち》」のお菓子で、互いに家々の味を食べ比べ「新庄のざんぞ（陰口）くじら餅」といわれていた。美味いの不味いのと評し合うのが恒例であった。

③端午の節供の笹巻き

月遅れで行われる。笹巻きは粽のことで、ササの葉数枚でもち米を包みイグサで結ぶ。巻き方はタケノコ巻き（祝い笹巻きとは別）、コブシ巻き、三角巻きの３通りで、もち米を灰汁《あく》に浸してから１～２時間煮てさらに煮汁に浸しておくと半透明のあめ色になる。水煮の場合は白い笹巻きが出来、どちらもササの防腐効果で長時間保存が可能となる。出来上がったものは神仏に供え、黄な粉や黒蜜で食べる。

④祝い笹巻き

庄内地方には「祝い笹巻き」といって、数え年７歳を迎えた子供の正月に作る笹巻きがある。十二単のお雛様のようにササの葉を重ねて巻いたものにもち米を約1合入れ、灰汁で3時間煮る。孟宗竹の筍のようなので「竹の子巻き」ともいわれ、1つ作るのにササを40～50枚を必要とする。そのため夏に採っておいたものを保存し、重曹を入れた湯で茹でて使う。子供が「竹の子」のようにすくすく育つようにとの願いが込められ、高さも約30cmと超大形。黄な粉で食べる。

⑤お盆のじんだん餅とさげもん（精霊菓子）

じんだんは枝豆を茹でて摺り潰した物で、甘い餡にして搗きたての餅にあえる。お盆には県内各地で作られている。

さげもんは盆棚に飾る粉菓子。酸漿《ほおずき》や茄子、瓜等を模した干菓子で糸が付いていて、盆棚の前の横竿に振り分けにして飾る。小さな花形の菓子は糸で繋ぎ数珠にする。甘い物が乏しかった昔の子供たちは、お盆が終わるのを待って兄弟で取り合って食べたといわれる。

⑥八日堂観音の切山椒

切山椒といえば東京の酉の市の縁起菓子として知られ、この切山椒が鶴岡に伝えられたのは明治期。12月17日の「お観音ハンのお年夜《としや》」（だるま市）に売られるようになり、師走の鶴岡の名物菓子となった。東京のものとは違っているが、材料はもち米を蒸したものに黒、白の砂糖や味噌、山椒の粉を混ぜて搗いた餅で、細く長くそばのように切るので、延命長寿、無病息災を祝う菓子として定着していた。

⑦正月のでんちょ

庄内平野の旧平田町では、月遅れの1月9日に大黒様のお年夜《としや》が行われ、この時作られたのが「でんちょ」。もち米の玄米と黒豆をそれぞれよく炒る。水飴、黒砂糖、水を加えて煮詰める。その中に炒った玄米と黒豆を混ぜ合わせ、黄な粉を振ったまな板にのせてかき餅のように切り分ける。これは「殿中《でんちゅう》おこし」ともいわれ、水戸の「吉原殿中」を想像させるお菓子である。

⑧婚礼（むかさり）の菓子振舞い

むかさりは婚礼のことで、甘い物が貴重だった時代、婚礼料理の本膳、二の膳の料理をすべて菓子で作り、親類縁者に出すことを「菓子振舞い」といった。時代の変化で遠方から来る客の「おわけ（家族への土産）」に豪華さがあり便利であった。菓子は和菓子の雲平《うんぺい》、煉り切り、桃山、流しものなどの技法を用いた見事なものであった。

知っておきたい郷土のお菓子

- **稲花餅**《いがもち》（山形市）　蔵王温泉の名物。もち米とうるち米の餅で漉し餡を包み、上部に黄色いもち米が２、３粒のっている。金山町では「いがら餅」。餅は蒸した黄色のもち米で覆われているが両者ササの葉にのっている。
- **時雨**《しぐれ》**の松**（米沢市）　永井屋の銘菓。特産の青畑豆《あおはたまめ》の粉を砂糖と水飴で練り上げた平たい棹菓子で、松の押し模様がある。藩主・上杉鷹山《ようざん》公に献上した際、庭先の松の緑に因んで命名された。
- **乃し梅**（山形市）　佐藤屋の銘菓。山形城主の御殿医が梅の酸を気付け薬にしたことをヒントにしたとも、紅花から紅を取り出すのに梅の酸を利用したのが菓子の起こりともされる。梅をジャム状にして竹皮に挟んだもの。
- **富貴豆**《ふうきまめ》（山形市）　元祖富貴豆はまめやの名物。青エンドウの薄皮をむいて砂糖で煮た「煮豆」だが、県内では古くから菓子として親しまれている。栄養価も高い。
- **初なすび**（鶴岡市）　大松屋本家の銘菓。「めずらしや　山を出羽《いでは》の　初なすび」と芭蕉に詠まれた茄子は、特産の小さな民田茄子でこの茄子を風味よく砂糖で漬けたもの。
- **古鏡**《こきょう》（鶴岡市）　木村屋の銘菓。特製の餡に求肥餅を入れた丸い菓子で、出羽三山の一つ羽黒山の「鏡池」から出土した古鏡をかたどったもの。
- **鶴岡駄菓子**　江戸期の庶民は白砂糖が使えず、水飴や黒砂糖。元禄期より300年続く梅津菓子舗では、小麦粉と黒糖を使ったカラカラ煎餅や小豆粉と黒糖の押し物・伝統の狐面《きつねめん》や雛菓子が作られている。
- **呉竹**《くれたけ》　酒田小松屋の銘菓。日本海産の青海苔を練り込んだ深い色合の羊羹。1908（明治41）年、時の皇太子行啓の際「呉竹」の名が付けられた。雛菓子も人気高い。
- **穴子煎餅**《あなこせんべい》（大江町・左沢《あてらざわ》）　菓子舗あづまの郷土菓子。左沢は最上舟運で栄えた町で、船着き場のお地蔵様に安全を祈願して供えた菓子。米粉と胡麻の丸い煎餅で真中に穴が開き、イグサで７枚ずつ括ってある。昔は15歳の「お山参り」（出羽三山）の供物でもあった。

乾物 / 干物

食用干し菊

地域特性

山形県は室町時代の「山方」に由来するといわれる。日本海にも面し、海と山の水産加工品、農産物加工品に恵まれているだけでなく、フルーツ王国としてサクランボ、リンゴなど多くの果樹園芸も盛んである。

地形的に中央に最上川が流れ、北前船からもたらされた船の文化も産業化され、特に酒田は水運の拠点となっている。最上川は日本三大急流の１つとしても有名である。村山地方、最上地方、置賜地方、庄内地方と一般的に分けられ、それぞれ独特な文化を継承している。

食材宝庫の山形は、全国でも有数の麺食文化を持ち、特にラーメンの消費量が高い。米沢ラーメン、酒田ラーメン、冷しラーメンなどがあり、さらに蕎麦日本一をめざしている。

地域発展の知名度を上げた蕎麦村山海道をはじめ、県内の激しい寒暖の差がある気候風土から蕎麦栽培が盛んになり、盛り付けの容器から「板蕎麦」「振舞い蕎麦」なども有名である。肉蕎麦、肉冷し蕎麦、こんにゃくと乾物には困らない県である。

大いなる最上川が育んだ蕎麦の味としては、村山の板蕎麦、振舞い蕎麦、新庄の最上蕎麦、大石田の来迎寺在来種蕎麦、尾花沢の紅花蕎麦、鶴岡麦切り、河北町の肉蕎麦、白鷹町の生粉打ち蕎麦がある。

村山市には、山形県の母なる川、最上川の流れに沿って蕎麦屋が立ち並ぶそば街道がある。

ほかにも船で運ぶ時代の船頭を悩ました最上川三難所と呼ばれる碁点の瀬、三ヶ瀬、隼の瀬の三難所は『奥の細道』にも登場する。これらをつないだ最上川三難所そば街道がある。昔から農家の多いこの地域では、大勢で田植えや収穫作業をした後、労をねぎらう「蕎麦振舞い」の習慣があった。どこの家でも蕎麦を作り、みんなそろって腹を満たしたという。日本三大急流の１つである最上川と葉山の自然に囲まれた村山地区は、寒暖の差が激しい気候が蕎麦のうま味のもとであるでんぷんを多く生み出すため、蕎麦栽培の適地といわれてきた。とりわけ味と風味にこだわり、熟練と技の速さで手抜きをせず丹精を込める先人の精神を受け継ぎ、今日に伝えられている。

知っておきたい乾物／干物とその加工品

荘内麩《しょうないふ》　歴史は古く、室町時代に「修験者」が製法を伝えたという。800年の伝統を持つ手作り品で、山形豪雪地方の農家の農閑期における内職仕事として発達し、その後、鶴岡、酒田地方の特産品となった。荘内麩を利用した調理法は、江戸時代に「肝吸い」(鰻の肝の吸い物)として鰻屋で好んで使われた。今では即席味噌汁の具材としても使われている。

するめ（鯣）　北海道北前船の歴史がもたらした最上川のするめ料理。最上川のいか天ラーメンも名物だが、焼きするめの皮と昆布を一緒に煮込んだ玉こんにゃくが名物である。また、するめをさっと洗い、水分を切って、切り干し大根となす炒めにするめの皮を入れて煮込み、畑の肉大豆であるうち豆と一緒に惣菜として食べる。

そのほか、するめを水に一晩浸して戻した後、いかの灰汁を取り、細かく切ってミキサーでミンチし、山芋に卵白を加えてよく練り、鯛や松茸に似せて作るいか料理がある。

蕎麦米　「そばごめ」とは蕎麦の実を蒸して殻を取り、乾燥させたもので、「むきそば」とも呼ばれ、山形県の郷土料理として親しまれている食べ物である。もとは関西方面の寺院で食べられていた精進料理だが、江戸時代の中ごろ、北前船の交通が始まり、山形北部地方でも食べられるようになったと伝えられている。さわやかな味わいは、夏は冷たく冬は暖かいため、四季を通じて食べられている。

食べ方としては、そばごめ鯛の酒蒸し添え、そばごめのおから、そばごめの野菜盛合せ、そばごめの葉わさび和え、そばごめの山かけ、そば米の桜餅、そばごめ雑炊などがある。

食用干し菊　食用菊の花を蒸して、海苔状にすいて乾燥した製品。菊海苔とも呼ばれている。現在、食用として食べられている種類は約60種ほどある。山形で栽培されている「もってのほか」は、特に欠かすことができない代表的なもので、旬の食材「食用菊の王様」とも呼ばれている。正式には「延命楽《えんめいらく》」という名前の品種だが、「もって菊」などとも山形では呼んでいる。

名前の由来としては、「天皇の菊の御紋である菊の花を食べるなどとは「もってのほか」だとか、(思っていたよりもずっと) おいしかったからだといわれている。

一般に、食用菊は花びら (花弁) の部分を食べる。「もってのほか」は花びらは筒状になっているため、茹でても形が崩れない。しゃきしゃきとした歯ざわりが特徴で、サッと茹でた後に酢の物やおひたし、和えもの、天ぷらなどで食べる。淡い紫色の花びらが、茹でると鮮やかな紅紫色に変わり、食卓に彩りを添える。

・もってのほか (紫、黄色)、蔵王菊 (黄色)

もってのほかは菊の花びらを乾燥したものである。苦みが少なく、繊維質が豊富で、カロチンやカリウム、カルシウム、リンなどを多く含む。シャキシャキした歯ざわりに特徴があり、酢の物、和え物などにして食べられている食用菊である。蔵王菊は花びらの形状が小さいのが特徴である。

紅花花弁

最上川沿いに栽培されていた紅花は、京都、大阪、江戸方面に運ばれ、口紅や染料として使われる。また、健康薬としても冷え性等に効くとされ、漢方薬の原料にもなっている。花びらを陰干しにしたものは、食品の色付け、茶、サフラワー油の原料, 薬用保健薬にも使われる。

乾燥かたくり

カタクリはユリ科の植物で、片栗粉はこの「カタクリ」の根からとったでんぷんである。花、茎、葉のすべてが食用に適している (乾燥かたくりは現在は主に中国などから輸入している)。早春の香り豊かな「かたくり」を湯通しして乾燥させたもので、ほかの山菜とはまた違った独特の甘みがある。灰汁が少なく、おひたしとして季節の演出に添えて食べる。

はしぎ

はしぎは葉が3つに分かれ、花が空木《うつぎ》の花に似ている。高さ2～3mほどの落葉樹の低木で、ミツバウツギなどとも呼ばれている。5～6月ごろ、枝の端に白い花を咲かせるが、花つぼみの長く伸びたものは硬くて食用にはならないので、花つぼみが伸びる前の若芽をつみとって利用する。癖がないソフトな味が楽しめる。ボイルして乾燥するか、冷凍保存する。「はしぎ」は方言である。

マタタビの実

マタタビは日本各地の山地に生えるツル性の低木である。ほかの植物にからみついて生長し、夏には梅の花に似た白い花を咲かせる。主に果実を食用とし、マタタビ酒などの果実酒として利用されるが、実だけでなく柔らかい若葉も食べることができる。

桑の葉

養蚕などで知られる桑の葉は、乾燥して薬草としても古くから利用されてきていたが、桑の葉特有の成分デオキシノジリマイシンが血糖値を下げることなどから、近年は成人病予防の観点で見直されている。また、便秘解消やダイエットなどの面でも注目されている。食用としても、くせがなくさっぱりした味わいから、和洋を問わず、さまざまな料理に利用されている。

うこぎ

うこぎはウコギ科の高さ2mほどの落葉低木である。春から初夏にかけて新芽が美しいため、天ぷらやおひたしなど伝統的料理に使う。また、うこぎは、活性酸素を抑えるサポニン類、ポリフェノール、タンパク質、ミネラル、ビタミンCの含有量が極めて高いことから注目を集めた。

だだちゃ豆

山形県鶴岡市郊外白山地区で栽培される。在来種ではこの地域のみで採れる青豆大豆で、甘み、風味共に絶品である。枝豆、加工品としては和菓子や洋菓子、餅など多くの食材に用いられている大豆である。

山形大粒大豆「里のほほえみ」

大豆は山形県の主要な水田転作作物であるが、現在の主力「エンレイ」はダイズモザイクウイルスへの抵抗性が不十分であり、倒伏抵抗性も弱い。そのため、山形県内の栽培に適し、収量、品質が高く、加工適性に優れた大粒品種を選定した改良版「里のほほえみ」（東北160号）が作られた。こちらは粒が大きく、成熟期が「エンレイ」より5日ほど遅い中間種であり、ダイズモザイク病に強く、タンパク質含有率や破断強度もよい。豆腐などの加工用に向いている。

蕎麦出羽香り

蕎麦の品種の1つで、1996（平成8）年に山形県優良品種に登録された。1988（昭和63）年に、山形の在来種「最上早生」の改良品種で大粒で良質の特性系統を選別した結果、香りが高く、つるっとした喉ごしが人気となり、山形の代表品種ができ上がったのである。

干し杏・山形三号　山形県の在来原産品種で、昭和初期から長野県で栽培されていたとされている。果実は円形で、黄色味がかかったオレンジ色をしている。酸味が強いので、生食には向かないが、干し杏やジャムの加工用に利用されている。

Ⅲ

営みの文化編

伝統行事

山形花笠まつり

地域の特性

山形県は、東北地方の南西部に位置する。四方を山に囲まれており、米沢・山形・新庄盆地を形成。県中央を流れる最上《もがみ》川は、庄内平野を潤して日本海に注いでいる。県域は、南から置賜《おきたま》・村山・最上・庄内の4域に分かれ、それぞれ独自の産業と文化がはぐくまれてきた。

古くから米どころであった庄内平野に対し、内陸部の村山・置賜地方は、江戸時代から果樹栽培の発達をみた。サクランボをはじめブドウやラフランス（洋梨）など、いまや「果物王国」といわれる。また、米沢藩の9代藩主上杉鷹山《ようざん》は、ウルシやクワなどの植林と絹織物などの殖産興業を奨励した。その結果、山形はベニバナ、米沢は絹織物の町として発展。さらに、最上川河口の酒田は、水運の拠点として栄えた。

特産物や庄内米は、酒田から北前船で京・大坂へと運ばれていった。そうした交流を通じて畿内の文化が伝来。その影響は、いまも言語や芸能、食文化などにみることができる。

行事・祭礼と芸能の特色

秋田県と同様に、各地に多様な行事・祭礼、芸能が伝わる。

注目すべきは、「延年」の行事や舞を伝えてきたことである。とくに、北部の飽海《あくみ》郡、南部の東置賜郡のあたりに伝わる。延年舞は、奈良の東大寺や興福寺の大法会の後の余興芸にはじまるとされ、各地に伝わり風流《ふりゅう》系の芸能として広まった。しかし、それを延年として今日に伝える例は少なく、東北では毛越《もうつう》寺（岩手県）の延年が有名だが、分布の密度からすると山形県が第一である。

山形県下の伝統的な民俗芸能としては、ほかに舞楽系のものも伝わっており、上代における畿内との往き来がうかがえる。また、黒川能と黒森歌舞伎は、よく知られるところである。

主な行事・祭礼・芸能

黒川王祇《おうぎ》祭と黒川能

黒川王祇祭は、黒川地区の鎮守である春日神社（鶴岡市）のまつりである。2月1日・2日に行なわれ、黒川能が奉納される。

黒川能は、春日神社の神事能として、500年ものあいだ連綿と伝えられてきた。世阿弥が大成した猿楽能《さるがくのう》の流れをくむが、いずれの能楽流派にも属さず独自の伝承を続け、古い演目や演式を多く残している。庄内地方固有の郷土芸能といえよう。

能役者は玄人の能楽師によるものではなく、囃子《はやし》方も含めてすべて春日神社の氏子が務めるのが習わしである。その数は、子どもから老人まで約160人余り。能面230点、能装束400点、また、演目数は能が540番、狂言が50番があり、民俗芸能としては大きな規模を誇る。昭和51（1976）年に国の重要無形民俗文化財に指定された。

王祇祭は、2月1日未明、春日神社に祀《まつ》ってある上座・下座の王祇様（御神体は、長さ8尺の丸木3本を扇形にとじたもので、先に梵天と呼ぶ御幣をつける）を、狭窓という窓から出して上座・下座それぞれの頭屋（当屋）に迎えることからはじまる。頭屋の神座に納めると、宮司が衣着《ころもぎ》の式（王祇様の柱に梵天をつけ加え、白布を結いつける式）を行なう。その後、大人衆の振舞い、若い衆の振舞い（簡単な食事）が行なわれる。そこで必ず凍《し》み豆腐が振る舞われることから、王祇祭は別名「とうふ祭り」とも呼ばれている。

振舞いが終わると、頭屋内に設けられた敷舞台で、夕方から黒川能が奉納される。まず、幼児が務める「大地踏」ではじまり、「式三番」、続いて能5番と狂言4番が夜を徹して演じられる。

翌2日早朝、王祇様が春日神社に還り、神前で上座・下座が脇能を一番ずつ演じる。その後、「大地踏」「式三番」などが両座立ち会いのかたちで演じられる。

能が終わると、神送りの行事となる。上座・下座が競争で王祇様の衣をはぎとり、裸の御神体を神前に納める。御神体の衣布は翌年の頭屋に授けられ、また1年かけての準備に入る。すべて終了するのは夕方である。

なお、春日神社では、3月23日の祈念祭、5月8日の例祭、11月23日の新嘗《にいなめ》祭にも拝殿で黒川能が奉納される。また、羽黒山上の出羽三山神社で7月15日に、鶴岡城内の庄内神社でも8月15日に奉納上演される。

黒森歌舞伎

江戸中期の享保《きょうほ》年間（1716～36年）から酒田市の黒森日枝神社に奉納されたとされる農村歌舞伎。毎年、旧正月にあたる2月15日・17日に奉納される。

260年以上にわたって、村人たちによる「妻堂連中」という一座によって継承されてきた。以前は「黒森芝居」といわれていたが、昭和31（1956）年に保存会がつくられ、「黒森歌舞伎」と呼ばれるようになった。また、雪のなかで観ることから、「雪中芝居」「寒中芝居」ともいわれた。昭和51（1976）年には、山形県の無形民俗文化財の指定を受けた。

伝承演目は、義太夫狂言を主として50種ほどあるが、演技や演出などには、中央の歌舞伎とは異なった面がみられる。その年の上演演目は、前年3月の「太夫振舞《ぶるまい》」と呼ばれる神事で決められる。出しものの多さと舞台の大がかりなことは全国屈指である。

鳥海山大物忌《おおものいみ》祭

鳥海山大物忌神社（飽海郡）の例大祭。大物忌神社とは、鳥海山山頂の本社と麓の吹浦《ふくら》と蕨岡《わらびおか》の2カ所の口之宮（里宮）の総称である。

5月3日に行なわれる蕨岡口之宮の例大祭は、約300年の歴史をもつ鳥海山の修験者のまつりで、「大御幣《ごへい》祭」と呼ばれる。紅白の布に包まれた太い青竹の御幣が引き回され、続いて延年の舞などが奉納される。

5月4日、5日には、吹浦口之宮でまつりが行なわれる。そこでは、無病息災・五穀豊穣を祈願する田楽舞の「花笠舞」が奉納される。この花笠は縁起物とされ、奉納の後には参拝者のなかに投げ入れられた花笠の奪い合いが恒例となっている。

出羽三山神社の祭礼

出羽三山神社（鶴岡市）の例大祭は、俗称「花まつり」といわれ、毎年7月15日に行われる。

出羽三山は、月山・羽黒山・湯殿山の総称で、古くから山岳信仰の霊山であり、修験の山として知られる。出羽三山神社の三神合祭殿は、羽黒山の山頂にある。

三神合祭殿での祭典の後、神輿《みこし》渡御が行なわれる。この神輿の前を稲の花をかたどった造花の梵天（献燈）が先導する。3基の神輿と梵天が本殿前の鏡池を一巡すると、周囲を埋めた参拝者が五穀豊穣・家内安全を祈ってこの梵天の造花を奪い合う。その梵天の造花は、悪疫消除のお守りともなるのである。

花笠まつり

8月5日から7日、山形市内のメインストリートで行なわれる。華やかに彩られた蔵王大権現の山車《だし》を先頭に、「ヤッショ、マカショ」という花笠音頭の勇ましい掛声と花笠太鼓が響き渡り、あでやかな衣装に身を包んだ1万人を超える踊り手が、山形の県花紅花《べにばな》をあしらった花笠を手に躍動感あふれるダイナミックな踊りを繰り広げる。いまでは3日間で100万人を超える人出があり、東北を代表する夏まつりのひとつになっている。

歴史は、古くはない。昭和38（1963）年に、蔵王の観光開発とPRを目的として開催された「蔵王夏まつり」がそのはじまりである。そこでのイベントのひとつとして、当初は「花笠音頭パレード」と銘打って行なわれた。今日のように、「山形花笠まつり」として単独で行なうようになったのは、昭和40（1965）年からのことである。

しかし、その下地は古くにさかのぼってあった。「花笠まつり」で歌われる「花笠音頭」は、それ以前に山形県村山地方で歌われていた「土突《どんつ》き唄」（土突き作業のときに調子をあわせるための作業唄）が元唄となり、それに渡り土方たちが歌っていた船方節や八木節などが加わって誕生したのだ。現在のようなにぎやかな伴奏を入れて民謡化したのは、昭和初期からのことである。

また、花笠踊は、田植踊が原形とされる。当初は菅笠《すげがさ》に紅色に染めた紙を結びつけた花笠をつくり、これを振ったり回したりして景気をつけたのがはじまり、という。踊り方も地域によってさまざまで、笠をかぶっての手踊や、笠を手に持って回して踊るものなど数種類以上の踊りがあったが、昭和38（1963）年にそれらを一本化して、誰もが手軽に踊れる日本舞踊的な新しい振り付け正調花笠踊の「薫風《くんぷう》最上川」が誕生した。なお、平成10（1998）年には、男性的な踊りの「蔵王暁光《ぎょうこう》」が生まれている。

ハレの日の食事

河原で鍋を囲んで食べる「芋煮鍋」がよく知られる。これは、北前船の船乗りたちが棒ダラを持参し、地元の野菜と一緒に煮込んだのがルーツといわれる。サトイモやコンニャク、各種野菜を醤油や砂糖、酒で味付けをし、地域によっては牛肉や豚肉、棒ダラを加えたりもする。芋煮鍋は、もとは田植えなどの共同作業の終了時に食されたものである。いまは観光客にも人気が高く、毎年9月第1日曜日に山形市内の馬見ヶ崎河川敷で芋煮フェスティバルが開催され、3万食分の芋煮が参加者にふるまわれる。

米沢地方では、「塩引きずし」という塩ザケの押しずしを食する。別名「ずんぬきずし」ともいう。塩ザケは、ベニザケを使う。白飯と赤いベニザケをあわせることで紅白になり、ハレの日にふさわしい料理となるのである。

庄内地方や酒田地方では、大晦日や正月などに「からかいの煮物」を食する。これは、エイの干物の煮付けとサトイモやナスの煮付けを盛り合わせた質素な料理である。飢饉から守ってくれた神への感謝の意をこめたものである、という。

寺社信仰

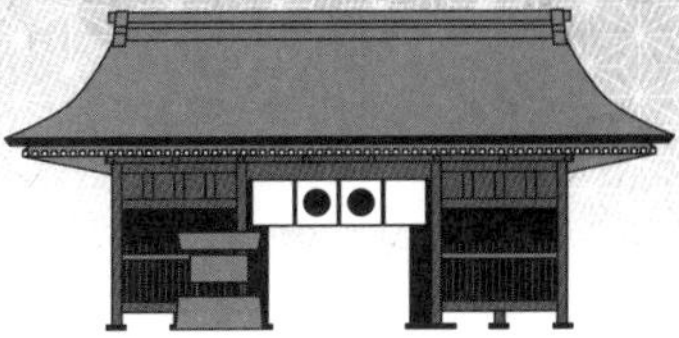

出羽三山神社

寺社信仰の特色

山形県は著名な山岳霊場の多い地で、中でも出羽三山《でわさんざん》は東国《とうごく》三十三ヶ国の総鎮守とされ、西国《さいごく》二十四ヶ国総鎮守の熊野三山《くまのさんざん》、九州総鎮守の英彦山《ひこさん》とともに日本三大修験霊場と称せられた。

出羽三山は月山《がっさん》を中心に、鳥海山《ちょうかいさん》や羽黒山《はぐろさん》、湯殿山《ゆどのさん》、葉山《はやま》から2山が取り合わされて崇拝された称である。古くは月山・鳥海山・葉山であったとも伝える。出羽は以天波《いでは》とも書かれ、越国《こしのくに》の先にある出端《いでは》の意と考えられるが、山端《やまのは》に降臨する神を祀るハヤマ（端山／葉山／羽山）信仰との関係も想わせる。

出羽一宮は遊佐町《ゆざまち》の鳥海山大物忌《おおものいみ》神社であるが、出羽の神としては月山神が高く崇められ、864年の神階は月山神が従三位、大物忌神が正四位であった。両神を祀る山形市の鳥海月山両所宮は「北の総鎮守」として尊崇されてきている。なお、出羽二宮は酒田市表物忌《ひょうものいみ》の城輪《きのわ》神社、三宮は酒田市山楯《やまだて》の小物忌《おものいみ》神社である。

羽黒山は日本三名塔の国宝五重塔や〈松例祭《しょうれいさい》の大松明《おおたいまつ》行事〉†で知られ、山頂には月山と湯殿山の神を合わせて祀る出羽三山神社三神合祭殿が建つ。羽黒とは端《は》の畔《くろ》で、月山の端山《はやま》の意ではないかと思われる。

また、湯殿山信仰は現在、田麦俣《たむぎまた》の湯殿山神社や大網《おおあみ》の湯殿山注連寺《ちゅうれんじ》と大日坊《だいにちぼう》（東北36不動02）などで護持されている。

山形市の蔵王山《ざおうざん》も修験の霊山で、金剛蔵王大権現が祀られていた。14世紀には、この山に寄った所（山方《やまがた》）に斯波《しば》（最上《もがみ》）氏が山形城（霞城《かじょう》）を築き、以来、政治の中枢として栄えている。

14世紀には曹洞宗が進出し、遊佐町の剱龍山永泉寺《ようせんじ》や鶴岡市の龍澤山善寶寺《ぜんぽうじ》（曹洞宗三大祈禱所）など、天台宗から転じた寺が多い。

現在は山形市の山形縣護國《ごこく》神社、鳥海月山両所宮、日本三熊野の熊野大社、高畠町《たかはたまち》の日本三文殊《もんじゅ》の亀岡《かめおか》文殊なども信仰を集めている。

凡例　†：国指定の重要無形／有形民俗文化財、‡：登録有形民俗文化財と記録作成等の措置を講ずべき無形の民俗文化財。また巡礼の霊場（札所）となっている場合は算用数字を用いて略記した

主な寺社信仰

熊野《くまの》神社　遊佐町杉沢。鳥海山蕨岡《わらびおか》道（松岳山順峯）の１合目に鎮座。伊佐那伎命《いざなぎのみこと》・伊佐那美命《いざなみのみこと》を祀る。古くは鳥海山修験入峰の二之宿であり、山伏鳥海山二之王子とよばれ熊野大権現（本地十一面観音）を祀っていた。杉沢には蕨岡三十三坊のうち２坊が存在した。８月の祭礼の晩には山伏が伝えた〈杉沢比山《すぎさわひやま》〉†が奉納される（８月６日仕組、８月15日本舞、８月20日神送）。景政《かげまさ》や蕨折《わらびおり》など14番の演目は、能楽大成以前のさまざまな芸能の要素を含んでいて芸能史上きわめて重要であるうえ、数ある番楽《ばんがく》の中でも洗練された美しい舞振りがあり芸術的価値も高い。1930年に本舞を見て感動した折口信夫《おりくちしのぶ》は、小寺融吉《こでらゆうきち》と本田安次《ほんだやすじ》に神送《かみおくり》を見せ、11月の明治神宮鎮座十年大祭には日本青年館での奉納公演を実現している。比山とは鳥海山のことらしく、火山ないしは月山に対する日山を意味するといわれる。

松葉寺《しょうようじ》　遊佐町吹浦《ふくら》。鳥海山と号する。本尊は不動明王。権現観音は庄内（荘内）33-21として江戸時代から巡礼者を集め、戦後は如意輪観音を安置して庄内100平和観音07にもなっている。寺宝として神仏分離の際に鳥海山から遷された等身大の鳥海山大権現本地仏の薬師如来と月山神社本地仏の阿弥陀如来の像がある。女鹿《めが》の丸岡に鎮座し、隣には〈遊佐の小正月行事〉†で有名な八幡《はちまん》（白旗《しらはた》）神社がある。１月３日の夜に社で祈禱を済ませてケンダンを身にまとったアマハゲが、集落の家々を巡ってアマミ（火斑）を剥ぐ。アマハゲは滝ノ浦の大鳥《おおとり》神社では１月１日、鳥崎の三上《みかみ》神社では１月６日に行われ、鳥崎ではホンテ焼きや鳥追いもある。遊佐町内には三上神社がいくつかあるが、基本的に稲倉魂命《うかのみたまのみこと》を祀っている。

青龍寺《しょうりゅうじ》　鶴岡市青龍寺。古くから金峰山《きんぽうやま》の修験道場として登拝者を集め、江戸時代からは庄内33-33となり巡礼者も多く集めてきた。本尊は如意輪《にょいりん》観音である。背後には金峰山がそびえ、そこから南へは母狩《ほかり》山《さん》と、大滝慶順が多額の借金をして開いた摩耶山《まやさん》が連なり、金峰三山を構成している。昔、母を亡くした慈覚大師が金峰山に登ると、西の山から読経と死者の泣き声が聞こえたので赴くと母に逢うことができたという。大師は大施餓鬼《だいせがき》を行って母を供養したが、これが鶴岡市中清水にある森山（三《みつ》森山／清水の森）における〈庄内のモリ供養の習俗〉‡の始まりと伝える。山中には優婆《うば》堂・閻魔《えんま》堂・大日《だいにち》堂・観音堂・地蔵堂・勢至《せいし》堂・阿弥陀堂と、不慮の死を遂げた霊が集まるという藤墓《ふじばか》があり、8月には多くの人々が施餓鬼供養に参り、新仏《しんぼとけ》の歯骨を納めるなどしている。

春日《かすが》神社　鶴岡市黒川。黒川地区の産土神《うぶすながみ》。新山明神や春日四所明神として武藤・最上・酒井と歴代領主から崇敬庇護された。2月の王祇祭《おうぎさい》（豆腐祭《とうふまつり》）では、1日の元朝祭で王祇様を当屋に迎えて〈黒川能〉†が奉納され、翌日の大祭でも王祇様が社に還る神事の後に奉納される。能の演目数は540番、狂言は50番と、民俗芸能としてはきわめて大規模で、現在は氏子約160人が演じる。最初に笛が音取《ねとり》を吹くなど古形を伝承し、稚児の舞う大地踏《だいちふみ》が9種の特殊な足踏みを示して開口風の祝言を朗々と唱えるなど、芸能史的に重要である。後小松《ごこまつ》天皇の第3皇子・小《お》川宮《がわのみや》（龍樹宮）が乱世を避けて当地に至り伝授したのが始まりで、境内にある皇子塚《みこづか》は皇子の墓、背後の帝王山松樹院が行宮跡《あんぐうあと》と伝えている。隣接する寺尾山永楽寺法光院は当社の別当で、庄内33-31として巡礼者を集めた。

天満《てんまん》神社　新庄市堀端町《ほりばたまち》。1628年8月25日、新庄藩主の戸澤政盛《まさもり》が氏神《うじがみ》の天満宮を常陸国《ひたちのくに》松岡から城内本丸南西隅に遷座したと伝える。1756年9月25日、戸澤正諶《まさのぶ》は餓死者の霊を弔《とむら》い、領内安寧・五穀豊穣を祈り、「世直し」として例祭に城下各町から飾り屋台を出させ巡行させたのが〈新庄まつりの山車行事〉†の始まりという。現在は8月24～26日に実施され、24日は戸澤神社の例大祭で宵祭りとよばれ、各町内から出された21台の山車が一堂に会して巡行する。25日は天満神社の例大祭で本祭りとよばれ、神輿の渡御とそれに供奉して山車《だし》の巡行がある。26日は新荘護國《しんじょうごこく》神社の例大祭で後祭りとよばれ、山車を飾り置いて鹿子踊りなどが奉納される。戸澤神社は1894年の創建で、戸澤衡盛《ひらもり》・政盛・正實《まさざね》を祀り、新荘護國神社は1871年の創建で、堀彦右衛門ら新庄最上の戦没者を祀っている。

若宮八幡《わかみやはちまん》神社　東根市東根甲《こう》。11世紀に鎌倉鶴岡八幡宮の神主三浦為澄が戦乱を逃れて当地に至り神璽《しんじ》を移したのが始まりと伝え、鎌倉時代作の神輿（県文）が現存する。東根城主の小田島長義が崇敬し、1347年には社殿を造営して社領を寄進、1356年には鰐口《わにぐち》を奉納して、東根一円の総鎮守とした。現在の拝殿は1672年に松平氏が、本殿は1840年に大貫氏が建立したものである。8月最終日曜日の例祭は二百十日の風除けの祭りで、台風によって作物が被害に遭わないように祈る。この風祭りには〈若宮八幡神社太々神楽《だいだいかぐら》〉が奉納される。現在のような神楽に整ったのは1835年で、仙台の祠官から丹波神楽を教わったという。5人の舞い手が奉幣《ほうへい》舞・鉾《ほこ》舞・剣舞・千歳《せんざい》舞・種蒔《たねまき》舞・釣《つり》舞・鬼やらい・諏訪舞の8座を演じる。昔は神招き・小弓舞・竜宮・岩戸開きの4座もあったという。

谷地八幡宮《やちはちまんぐう》　河北町谷地。鎮守府将軍の八幡太郎《はちまんたろう》源義家《みなもとのよしいえ》が石清水《いわしみず》から白鳥《しろとり》に八幡神を勧請したのが始まりで、のちに白鳥十郎長久が谷地城を築く際に現在地に遷して鎮守にしたという。寒河江《さがえ》・溝延《みぞのべ》の八幡宮とともに寒河江荘三八幡とよばれて武家の信仰を集め、今も正月の歳旦祭・オサイトウに始まり、春の祈年祭、夏のキュウリ天王祭、秋の風日祈祭《かざひのみさい》など1年を通して地元の人々に信仰されている。特に9月の例大祭は、2kmに及ぶ御輿渡御《みこしとぎょ》、勇壮な凱旋奴《がいせんやっこ》、囃子屋台の巡演など豪華絢爛な祭礼絵巻が繰り広げられ、山形三大祭ともされる。境内の石舞台で奉奏される〈林家舞楽《はやしけぶがく》〉†は、神職の林家が一子相伝で守ってきた四天《してん》王寺《のうじ》系の舞で、宮中《きゅうちゅう》舞楽・四天王寺舞楽・南都楽所《なんとがくそ》舞楽と並ぶ日本四大舞楽の一つに数えられる。その太鼓の音からドンガ祭りと親しまれている。

十八夜《じゅうはちや》観音堂　中山町金沢《かねざわ》。天台宗。飛鳥時代に開山された日月寺《にちがつじ》が始まりという。南西の高峰山頂に奥ノ院とよばれる場所があり、洞窟内に中世作の石造宝篋印塔《ほうきょういんとう》が残る。目の神様として村山地方一円から信仰を集めた。昔は年3回の祭があったが、今は8月18日が例祭で火渡りの儀式があり、大勢の参詣者で賑わう。また、人々の依頼に応じて神憑《かみがか》りして託宣するオナカマ（盲目の口寄せ巫女）の本山としても栄え〈村山地方のオナカマ習俗〉‡の拠点となった。オナカマが堂内に奉納したトドサマ（神下ろしや託宣の際の神像でオシラサマに似る）や、死霊下ろしに使う梓弓《あずさゆみ》、祈禱用の剣、卜占《ぼくせん》用の筮竹《ぜいちく》・算木《さんぎ》、信者が奉納した鏡を取りつけた絵馬や眼病平癒の祈願札など951点は〈岩谷《いわや》十八夜観音庶民信仰資料〉†として町の歴史民俗資料館で保存・展示されている。

立石寺《りっしゃくじ》　山形市山寺《やまでら》。天台宗。宝珠山と号する。松尾芭蕉の名句「閑《しずか》さや岩にしみ入る蝉《せみ》の声」で知られる国名勝で、日本三大霊場や日本三山寺の一つに数えられている。慈覚大師が延暦寺から不滅の法灯を分けて開いたと伝え、灯火は今も国重文の根本中堂で護持され、百丈岩に立つ開山堂では香を絶やさず、奥の院の如法堂《にょほうどう》では石墨草筆《せきぼくそうひつ》・一字《いちじ》三礼《さんらい》の如法写経行《にょうほうしゃきょうぎょう》が不断《ふだん》に修《しゅう》せられている。如法堂には結婚式の場面や学童の手を引く親の姿を描いたムカサリ絵馬や着飾った人形、子どもの写真などが多数納められている。8月6日夜には死者供養に〈山寺夜行《やぎょう》念仏の習俗〉‡が営まれ、念仏講中が麓《ふもと》の根本中堂から念仏堂・姥堂・仁王門・四塔頭《たっちゅう》・如法堂・多聖場《たしょうば》と順に登って念仏をあげ、如法堂で通夜し、翌朝は多聖場・開山堂・磐司《ばんじ》祠・五大堂・本坊・滝不動と巡拝している。

玉林寺《ぎょくりんじ》

長井市上伊佐沢《かみいさざわ》。曹洞宗。字館久保《たてくぼ》に建ち、館照山と号する。伊達氏家臣の桑島館《くわじまたて》主5代の仲綱（将監）が1504年に妻お玉と先祖の菩提を弔うために創建し、天室正運を開山に迎えた。その落慶供養に奉納したのが〈伊佐沢念仏踊〉の始まりという。境内にはお玉の墓碑が今も残る。伊佐沢の久保桜（国天然記念物）もお玉の供養に植えられたと伝える。1565年、仲綱は家族がみな死に果てたため、禄を捨てて高野山に上り、そこで没したという。現在、夜桜公演として毎年4月に久保桜の隣で念仏踊が披露されている。盛大な輪踊りは実に愉快で引き付けられるものがあるが、古くは鎮花祭的な性格をもつ豊年踊であったという。桜の花は稲の花の象徴で、早く散れば不作の予兆であり、散った花びらは疫病をもたらす悪霊になるとされ、大勢の踊で花びらを踏み鎮めた。

安久津八幡神社《あくつはちまんじんじゃ》

高畠町《たかはたまち》安久津。慈覚大師が豪族安久津磐三郎の協力で阿弥陀堂を建立したのが始まりで、後に八幡太郎源義家が奥州平定を祈願して鎌倉鶴岡八幡を勧請《かんじょう》したと伝える。裏山一帯には奥之院の洞窟や安久津古墳群10数基が点在し、弘法清水《こうぼうしみず》・爺婆《じじばば》石《いし》・片葉《かたは》の葦《あし》などの伝説が残る。宮城県白石《しらいし》と結ぶ七ヶ宿《しちかしゅく》（羽州《うしゅう》）街道の要地として栄え、別当の神宮寺は12坊を有したという。三重塔が今も残り、町の象徴となっている。5月3日は春の例大祭として五穀豊穣を祈り、参道にある宝形造茅葺《かやふき》の舞楽殿で倭舞《やまとまい》や田植舞が舞われる。9月中旬には秋の例大祭として長寿を祈る「安久津延年」‡が舞われ、振鉾式《えんぶしき》（燕舞式）・三躰舞《さんたいぶ》（三代舞）・拝舞《おがみまい》・眺望舞《ちょうぼうまい》などの舞楽が演じられる。一帯には県立考古資料館や町立郷土資料館、道の駅が立ち並び「まほろばの里」とよばれている。

上杉《うえすぎ》神社　米沢市丸の内。越後春日山城から会津を経て米沢城内に移された上杉謙信の遺骸が、明治の神仏分離と廃城で上杉家廟所《びょうしょ》へ移されることを契機に、城内に留まる謙信の霊を神式で祀るため、大乗寺の僧が還俗して神官となり、併せて米沢藩中興の上杉鷹山《ようざん》を祀ったのが始まり。1876年、現在の米沢城奥御殿跡に社殿を創建。1902年には、別格官幣社《べっかくかんぺいしゃ》となり、鷹山を摂社へ遷した。現在の社殿と宝物殿（稽照殿《けいしょうでん》）は米沢出身の建築家・伊東忠太《ちゅうた》の設計。隣接する上杉博物館には飯豊山《いいでさん》（お西）詣りや出羽三山（お北／お下）詣りに精進潔斎《けっさい》した行屋《ぎょうや》が建つ。これは〈置賜《おきたま》の登拝習俗用具及び行屋〉†の一部で、本体は遠藤太郎の収集資料を展示する米沢市の農村文化研究所附属置賜民俗資料館が保存している。

伝統工芸

天童将棋駒

地域の特性

山形県は東北地方の南西部に位置し、西北は日本海に面し、三方を山に囲まれ、冬は豪雪に見舞われる地帯である。北は美しい山容を誇る鳥海山で秋田県と境界をなし、南は吾妻山系で福島県、南西部は越後山脈、東は奥羽山脈で宮城県と接する。県中央には山岳信仰の修験道場である出羽三山の羽黒山、月山、湯殿山がそびえ、羽黒山の山頂には神々を祀る社殿があり、今も参道をいく山伏姿の修験者を見かけることもある。県内を北に縦断する最上川が流れ、米やベニバナ、青苧《あおそ》などの特産品が舟運で河口の酒田まで運ばれ、さらに北前船に積み込まれて上方へと運ばれた。

最上川の河口に広がる庄内平野のほか、内陸部には米沢盆地、山形盆地、新庄盆地が点在し、果樹栽培の置賜《おいたま》、村山、最上、庄内に分かれ、独自の文化が育まれた。

「五月雨を集めて早し最上川」は『奥の細道』で詠まれた芭蕉の最も有名な句の一つであるが、最上川の滔々《とうとう》たる流れとともに、川沿いに蔵を連ね、文人墨客を招いて歓待した豪商の繁栄ぶりを物語っている。

伝統工芸の特徴とその由来

米沢藩といえば、名君で名高い9代藩主上杉鷹山《うえすぎようざん》（1751〜1822年）の殖産興業の数々が脳裏に浮かぶであろう。財政難で莫大な借金を抱えていた藩財政の立て直しを図って、さまざまな改革を行った。ウルシやクワを植え、絹織物を盛んにするため、越後や京から職人を招聘《しょうへい》して、家中の女子に伝習させ、染色ができる樹木を積極的に植えさせた。クルミ、クリ、ウメ、ザクロなど果樹と木の実は、平時は草木染めに使われ、そして農作物が不作の年には食糧として人々の飢えを救ってきたと伝わる。山形は染色材料のベニバナ、米沢は絹織物の町として発展し、元来養蚕の盛んだった白鷹では農民に機《はた》を織らせた。置賜の地に紬の技術が浸透するのと並行して藩財政は回復していった。江戸時代中期に山形に根付いたとされるベニバナは、整備された最上川水運により、集散地酒田を経由して北前船で京に運ばれ、京の職人によって染料として使われることで、国内一の生産高を誇るようになった。

ベニバナには黄色素と紅色素と2種類の色素が含まれ、紅色素の扱いが難しいため、発酵させて煎餅状に丸め乾燥させた花餅の状態で取り引きされる。最上の花餅は紅色が冴えて最上級とされ、「金一匁《きんいちもんめ》と紅一匁《べにいちもんめ》」を交換したといわれるほど高価な紅となり、最上川流域には「紅花大尽」が贅を競った。有名な花笠まつりは、県花ベニバナをつけた花笠を手に繰り出すもので、東北の四大祭りの一つとされている。

現代の家具製造業も見逃してはならない山形の伝統産業である。戦国時代の指物師《さしものし》や塗師《ぬし》などの職人町に起源をもつとされるが、特に成形合板や曲木の技術は伝統に培われた完成度を有し、バタフライスツールなどのロングセラーは地場産業として確立しているといえる。

県主導でデザインコンペを開催し、県内で企画・開発された作品を競う堅実な積み重ねが、世界進出につながるという好例である。

知っておきたい主な伝統工芸品

置賜紬《おいたまつむぎ》（米沢市、長井市、西置賜郡白鷹町）

置賜紬は米沢市、長井市、白鷹町に伝わる紬織物の総称である。置賜近郊は江戸時代初頭から上等な麻織物の材料となるチョマ（苧麻）が栽培されており、17世紀に米沢藩9代藩主上杉鷹山の奨励により、織物産地形成に積極的に取り組んだ。やがて絹織物生産へと転換、京都から織物師を招聘して大きく成長し、米沢紬、長井紬、白鷹紬という代表的な織物が生まれた。

米沢市では、アイや、ベニバナ、アカネ、ムラサキソウなどの植物染料で糸を染めて織る草木染が盛んである。置賜紬も植物の幹や枝、根を煮出して抽出した液で染めることが多いが、ベニバナ染めは花びらを摘んで、特別な処理を施して紅の成分を取り出すもので、薬効もあり、口紅にも使われて米沢藩の代表的な特産品となった。

長井紬は絣柄《かすりがら》が中心、北前船によりもたらされた琉球絣の意匠を取り入れた異国風の絣や色柄は、米沢藩の名を冠して米琉《よねりゅう》として親しまれた。

白鷹紬は板締めによる小絣模様が特徴。亀甲、十字、蚊絣など数ミリ単位の絣を強い撚糸《ねんし》を入れて織り上げ、湯揉みをして凹凸《おうとつ》をつける。この仕上げは、しぼ出しと呼ばれ、特に凹凸のはっきりした鬼しぼの風合いは白鷹お召しと称され、大正末期〜昭和時代初期の男物お召しの流行と相まって、評判を呼んだ。空気を一層重ねたようなふわりと軽い着心地は手織りならではの味わいである。

羽越《うえつ》しな布《ふ》（鶴岡市、新潟県村上市）

シナノキの皮から糸を採り、1枚の布に織り上げるしな布は、古代布とも称され、縄文や弥生時代から日本各地で織り継がれてきた。衣服や農作業などの仕事着となるほか、漁網、漉《こ》し布《ふ》、敷布や収納袋など生活に欠かせない織物として流通していたが、江戸時代により扱いが楽で快適な木綿織物が普及したため、その多くは姿を消した。

しかしながら、雪深い羽越地方の一部では、山間部ならではの用途や利便性から細々と受け継がれてきた。原料のシナノキは梅雨時に伐採し、皮を剥《は》いで中皮を取り出し乾燥させた後、8〜9月にかけて、釜で半日煮て水洗いをしてしごき、農閑期まで保管される。12月頃から、しなに湿り気を与えながら指先で幅3mm程度に裂いて、撚《よ》りをかけながら糸づくりを行い、手機にかけて織り進める。

成長の早いシナノキから皮を採取し、幹部分は薪として利用し、また新たな木を育てるというふうに、山の暮らしの中で無理のない循環を重ねながら成り立ってきた生業はさまざまな示唆に富んでいる。

野趣に溢れた帯地は、各地の物産展に出品されるようになった2000（平成12）年頃から、ひときわ異彩を放ってきもの愛好家の憧れとなり、帽子やバッグ、卓布なども含め本格的な商品開発が行われるようになった。この気の遠くなるほど手間暇かけた稀少な織物を一寸も無駄にすまいと、端切れもコースターや栞《しおり》として丁寧に商品化され、山里の手触りを伝えるのである。曰く「布が発するエネルギーを感じてください」と。

新庄東山焼《しんじょうひがしやまやき》（新庄市）

新庄東山焼の特徴は、「出羽の雪のかげりの色」と例えられる海鼠釉《なまこゆう》の澄んだ青みにある。丈夫で割れにくく使うほどに味わいが増す。

江戸時代の1841（天保12）年、戸沢藩の御用窯として陶工涌井弥兵衛が新庄市東部に位置する東山の陶土に惚れ込んで窯を築いたのが始まりとされる。飲食器、花器、置物などが焼かれていたが、戦時中は土管・煉瓦なども手掛けたといわれている。

酒田《さかた》船箪笥《ふなだんす》（酒田市）　船箪笥とは江戸〜大正時代にかけて、日本海を航海する廻船の船頭が所持した貴重品携行用の小型箪笥である。貨幣のほか、船往来手形、帳面など重要書類を収納し、寄港地での商談の場ではステータスシンボルともなるので、贅《ぜい》を凝らしたものが多い。

外板にはケヤキ、引き出しの内側にはキリ材を用い、外板はケヤキの木目が見えるように透明漆を塗り重ねて仕上げられる。正面には蔦《つた》文様などを透かし彫りした頑丈な鉄金具があしらわれ、内部にはさまざまなからくりが施されて簡単には開けられない構造が備わり、装飾性と同時に日本海の荒海に耐えられる堅固なつくりとなっている。最上川河口に位置する酒田市は北前船の寄港地として栄え、佐渡、越前と並ぶ船箪笥の三大産地の一つであったが、現在その技を伝えるのは唯一人となった。

山形《やまがた》鋳物《いもの》（山形市）　山形鋳物とは、鉄や銅合金などさまざまな金属でつくられる山形の鋳物製品のことで、鉄瓶、花瓶などの日用品や美術工芸品、精緻な機械部品に至るまで多岐にわたる。平安時代の康平年間（1058〜65年）に、源頼義の奥羽平定に従軍した鋳物師が、山形市内を流れる馬見ヶ崎川の砂と付近の土質が鋳物に適していると発見して、この地に居を据えたことが始まりとされる。

以後、出羽三山への参拝客を対象に神具、仏具、鍋や釜などの日用品をつくって販売していたが、慶長年間（1596〜1615年）、城下を再編成して火を扱う町づくりをしたのが鋳物産地としての基礎となった。日本の工業団地の始まりともいわれている。江戸時代初頭には京都など先進地の技術に学び、梵鐘や灯籠の製作も手掛けるようになり、飛躍的な発展を遂げた。現在では、機械鋳物と工芸鋳物に大別され、市内の「銅町」「鋳物町」には多くの工房が集積。特に茶の湯釜については、名工数多で、趣深い繊細な釜肌は長い歴史の陶冶の賜物といえる。また、近年、イタリアなどで活躍する工業デザイナーと共同開発したケトルやティーポットは、その洗練されたデザインと技術力で、内外から高い評価を得ている。

山形仏壇《やまがたぶつだん》（山形市、天童市、尾花沢市、酒田市）

山形仏壇の特徴はケヤキ、センなどの木目の美しい木地を用いて木目を見せる塗りを施していることである。

江戸時代中期、星野吉兵衛が江戸から仏壇製造の技をもち帰ったのが始まりとされる。信仰に篤い土地柄に、山林資源や良質の漆《うるし》など材料に恵まれていたこともあり、地場産業として発展し、明治時代には分業化され、量産体制が確立された。

本体は十分に乾燥させたケヤキなどの原木を木取りし、接合は釘を使わずに、小口に凹凸《おうとつ》を施して組み合わせる「ほぞ組み」によって組み立てられる。塗装は精製漆の手塗りで木目が見えるように仕上げる。ほかにも、マツ、セン、スギ、ヒノキ、カツラなどさまざまな木が配され、加飾は伝統的な「盛上げ蒔絵」。昔ながらの金仏壇の産地であるが、現代の生活様式にも馴染むように、新型仏壇の研究も盛んに行われている。

天童将棋駒《てんどうしょうぎこま》（天童市、山形市、村山市）

天童将棋駒の特徴は、主に鹿児島産や御蔵島《みくらじま》産のツゲを用いて、草書体の駒文字が描かれていることである。

江戸時代後期、相次ぐ凶作により窮乏していた天童織田藩で、財政立て直しのために導入された。米沢藩から学んだ将棋駒づくりを藩士たちに広めて、内職として奨励したのが始まりとされている。

明治時代には、木地師と書き師に分かれて分業化が進み、産業へと発展し、先進地であった大阪に並ぶ産地となった。大正時代には、機械化も進み、町をあげての分業体制が敷かれたことにより、全国一の生産地へと拡大した。主な工程は木地づくり、駒彫り、駒書きの3部門で、現在全国の95%を生産している。

駒のつくり方は書き駒と彫り駒に大別され、書き駒は、駒木地に直接黒漆で文字を書く。将棋駒独特の書体があり、天童は草書体が主流である。彫り駒は、字形から字母紙《じぼし》に陰影を写し取り、陰影を取った字母紙を切り取って駒木地に貼り付け、印刀で彫り、目止めをして、漆入れ、下地漆入れ、または漆盛り上げによって仕上げる。

タイトル戦に使用されるのは、ツゲ木地に文字を手彫りし蒔絵筆で漆を盛り上げていく盛上駒であるが、現在は、機械彫りが多く、高度な技を必要とする手彫り職人は減少している。若手棋士の躍進めざましい近年、将棋駒のつくり手にも、手彫りの後継者育成が急がれるところである。

笹野一刀彫《ささのいっとうぼり》（米沢市）　笹野一刀彫とは米沢市笹野地区に伝わる郷土玩具で、その技法は、アイヌのイナウそのものといわれている。イナウとはアイヌの神事に用いられる幣束のことで、ミズキなどの枝を皮付きのまま、切り込みを入れたり削りかけをしたりして供える。

笹野一刀彫も、コシアブラやサワグルミなど白くて柔らかい木に独特の刃物で彫刻して、削り掛けを施し、彩色して仕上げる。地区内の笹野観音信仰と深いかかわりがあり、木製の削り花「笹野花」、八角形の護符「蘇民将来」が起源とされ、9世紀頃に始まったとされている。代表的な「お鷹ぽっぽ」は、素朴ながら、見開いた眼に雄渾《ゆうこん》な覇気がみなぎり、商売繁盛の守り神として人気を博してきた。現在のような形になったのは、18世紀以前とされるが定かではない。

民　話

地域の特徴

山形県は、東北地方の西南部に位置する。日本海側の庄内と内陸の山形などでは気候に差もあるが、県全体としては豪雪地帯である。主な産業は農業と果物栽培である。

山形県は、西北は日本海に面するものの、三方を高山に囲まれている。北は鳥海山《ちょうかいさん》・丁岳山地《ひのとだけさんち》で秋田県と接し、南は吾妻《あづま》山《さん》系で福島県と接する。南西は越後山脈で新潟県と接し、東は奥羽山脈で宮城県と接する。また、日本海に浮かぶ飛島《とびしま》がある。県中央には、山岳信仰の修験道場である出羽三山がそびえ、県内を北へと縦断する最上川が流れる。米や紅花、青苧《あおそ》（織物の原料）などの特産物は、最上川舟運で酒田まで運ばれ、北前船に乗せられて上方まで運ばれた。この交易により、上方の文化が流入した。

山形県は大きく四つの地域に分かれる。北西部に位置する庄内、北東の内陸部に位置する最上、内陸部のほぼ中央に位置する村山、県の最南端に位置する置賜《おきたま》である。自然環境や江戸時代の幕藩体制のなごりから、方言や食物などが少しずつ異なり、それぞれの地域文化を形成してきた。

伝承と特徴

山形県では、1922（大正11）年に常葉金太郎『葛麓の華』、1928（昭和3）年に『豊里村誌』と郷土史が刊行され、地域の伝説が取り上げられた。1935（昭和10）年発行の「昔話研究」には清野久夫、鈴木棠三、板垣スエ、鮭延瑞鳳らの昔話資料が収録された。昭和30年代以降は、野村純一、野村敬子、佐藤義則、江口文四郎、武田正などの県内外の民俗学研究者や大学の研究会、自治体などが精力的に調査を進め、現在では膨大な資料が集まっている。山形県内の民話集の出版状況については、武田正が東北文教大学短期大学部民話研究センターのホームページで年表にしている。

昔話の呼称は「むかしこ」や「とんとむかし」。発端句が「むかしあったけど」などで、結末句は「とんびん」や「とーびんと」が多く、語り手が言葉をつけ加えることもある。家庭内での伝承のほか、小正月の晩や祭礼の際の宵宮でも語られた。また、置賜地方では、若者が集まり作業する木小屋《けごや》で語られた「木小屋話」がある。武田正は木小屋話には、馬鹿聟話などの笑話、世話物、因縁話、縁起話、仏教説話があると説明する。庄内地方では、「天保元年やくわんの年」や「ソーレ物語、語り候」で始まる「早物語《はやものがたり》」の一種を、遊芸人が早口で語る「てんぽ物語」が伝承され、昔話やわらべ歌の中にもその影響がみられる。話を伝播した者としては、越後瞽女《ごぜ》、座頭、祭文語りなどの遊芸人、屋根葺き、大工、博労《ばくろう》などの職人、山伏や法印といった民間宗教者、箕売り、魚《いさば》売りといった行商人がいる。

日本有数の昔話伝承地である山形県では、各地域に語り部の会があり、地元に伝わる昔話を語る活動を行っている。また、新庄市の「新庄ふるさと歴史センター」内の「語りの部屋」や南陽市の「夕鶴の里」など、語り手が来客に地元の昔話を語る施設もある。「ふるさと山形　地域文化　伝承・体験サイト　ふるさと塾記録アーカイブス」の活動記録（口承文芸）では、地域の昔話を視聴することができる。

おもな民話(昔話)

瓜子姫

婆が川上から流れてきた瓜を拾う。家で瓜を切ると、中から女の子が出てきたので、瓜子姫と名づける。やがて、瓜子姫は機織りが上手な美しい娘になる。ある時、一人で機織りをしていると、あまのじゃくが来る。爺と婆からは、一人の時にあまのじゃくが来ても、戸を開けてはいけないと言われていた。しかし、あまのじゃくは瓜子姫を騙して戸を開けさせ、桃を食べに行こうと誘う。あまのじゃくは、外に出た瓜子姫を殺し、瓜子姫に化ける。爺と婆が帰ってきて、入れ替わっていることに気がついて、あまのじゃくを殺す（『飯豊山麓中津川昔話集　上』）。話の最後に萱《かや》の根が赤いのは、あまのじゃくの血がついたからだという植物の由来譚がつくこともある。

瓜は川から流れてくるのが一般的だが、山形県では、畑で瓜を収穫したと語ることがある。また、最上地方を中心に、胡瓜から産まれた胡瓜姫と、瓜類が異なって語られることがある（『ふるさとお話の旅　山形』）。酒田市では、江戸時代から酒田胡瓜（鵜渡川原《うどがわら》胡瓜）、真室川町では明治時代から勘次郎《かんじろう》胡瓜と、丸みを帯びた胡瓜がつくられていることと関係しているらしい。

せんとくの金　お堂に泊まった六部が「せんとくに与える金」と書いてある小判が入った小袋を見つける。そこに落ち葉拾いの爺が来て、知らずに落ち葉に紛れた小袋を持っていく。日が暮れ、爺の家に泊まった六部は、温かいもてなしを受ける。翌朝、爺の家で孫が生まれる。爺と婆の名前を取り、孫の名前を「せんとく」と名付けたことを知る。六部は、小判のことを話し、この家の物だと言うが、爺は受け取らない。爺は、出発する六部に二つの握り飯を用意し、一つには小判を入れた。六部は道で走ってきた若者に出くわしたので、握り飯を一つあげる。若者は出稼ぎに出ていた「せんとく」の父親であった。若者が家に帰り握り飯を見ると、六部に渡そうと思って入れた小判が入っていた。結局、小判は「せんとく」の物となった（『出羽の民話』）。

六部は全国の六十六ヶ所の霊場を巡礼する宗教者のことである。「産神《うぶがみ》問答」や「子供の寿命」でも見られるが、昔話の世界では予知をする能力をもった人物として登場することが多い。

牛方山姥《うしかたやまんば》　牛方、もしくは魚《いさば》売り（サバ売りとも）が、山姥《やまんば》に積荷をすべて食べられてしまう。牛方は山姥から逃げるため、川辺近くの木に登る。山姥は川面《かわも》に映った牛方の姿を見て、捕まえようとして川に入る。逃げ切った牛方は、山姥の家の梁《はり》の上に隠れる。帰ってきた山姥は、餅と甘酒を準備するが、寝ている間に牛方にすべて食べられてしまう。山姥は、石の唐戸《からと》と木の唐戸で悩むが、牛方が木の唐戸に寝るのがよいという声を神のお告げだと勘違いし、木の唐戸に寝る。牛方はキリで木の唐戸に穴を開け、そこから熱湯を注ぎ込んで山姥を殺す（『真室川昔話集』）。

この話は主人公の魚売りや牛方が伝えたといわれる。関根綾子は、山形県の「牛方山姥」は、主人公の職業と積み荷が地域で異なると説明する。庄内地方では、酒田や鶴岡の漁村から生鯖や焼鯖を担いで売りに来た魚売りが主人公だと語る。「浜のアバ」と呼ばれる、女の行商人が主人公のこともある。牛方山姥で女性が主人公であるのは、全国でもこの地方のみである。最上、村山地方では、魚売りが主人公で、積荷は、酒田や鶴岡で仕入れた塩鯖や乾物。置賜地方でも主人公は魚売りで、新潟県から運んできた干魚などの乾物である。現実の交易が昔話に影響を及ぼしている。

猿地蔵

山で爺が婆に作ってもらった団子を食べて寝ていた。猿たちが白い粉をつけた爺を見つけ、爺を地蔵と勘違いする。猿たちは爺を担いで川を渡し、爺を住《す》み処《か》に連れていく。川を渡る時、爺はおなかが鳴ったり、屁が出たりするが、猿たちは気づかない。そして、爺は宝物を手に入れ帰ってきた。それを隣の婆が見て、自分の爺に真似させる。また猿が来て、隣の爺を担いで運ぶが、途中で屁が出たり笑ったりしたため、人間だとばれてしまい、川に流される（『関澤幸右衛門昔話集』）。

「地蔵浄土」（「おむすびころりん」とも）、「舌切り雀」と同じく、良い爺が福を得るが、それを隣の爺が真似て失敗する、「隣の爺型」の昔話である。末尾に、人真似や欲張ることを戒める教訓がつけ加えられることがある。

鶴女房

男が傷ついた鶴を助ける。後日、きれいな娘が来て、嫁にしてほしいと言うので、一緒に暮らした。娘は機屋《はたや》で機を織るが、機織りをしている時は覗かないよう、男に頼んだ。男が織り上がった布を町に持っていくと、高値で売れた。不思議に思った男は約束を破り、娘が機織をしているところを覗き見する。すると、娘ではなく鶴が自分の羽根を抜き、機を織っていた。娘は助けられた鶴であり、恩返しに機織りをしていたことを告げ、出て行ってしまった（『ふるさとお話の旅　山形』）。

動物が人間の嫁になる、異類女房譚の一つである。「鶴の恩返し」とも呼ばれる。

南陽市にある鶴布山珍蔵寺《かくふざんちんぞうじ》では、寺の縁起として伝えている。珍蔵寺では、鶴を助けた金蔵が後に出家し、鶴が織った曼荼羅《まんだら》を納めて珍蔵寺を建立したと伝える（『南陽市史 民俗編』）。珍蔵寺のある南陽市漆山《うるしやま》地区には、鶴巻田《つるまきた》、羽付《はねつき》、織機川《おりはたがわ》など、伝説にちなむ地名がある。

佐兵《さひょう》話・酒の籠抜け

上杉領の頃、高畠村では酒をつくれたが、米沢城下ではつくっていけなかった。ある時、頓知者の佐兵が、酒樽を背負って番所に来た。中身を聞かれたので小便だと言うが、役人は信じず、酒樽の中身を飲んだ。佐兵の言うとおり、小便であった。次の日から、佐兵が酒樽を背負って通っても中身を確認しなかったので、佐兵は酒を売り大もうけした（『木小屋話』）。

佐兵話・豆腐のすだれ　佐兵が、米沢城下で豆腐で編んだすだれを見てきたと言った。人々は信じず、佐兵について行くと、縄で編んだすだれであった。佐兵はすだれを「一封《ひとふう》、二封《ふたふう》、三封、四封、……」と数え、「十封《とうふう》で編んだ」と答えた（『木小屋話』）。

「佐兵話」とは、置賜地方で話された、佐兵が主人公の頓知話で、木小屋話の一つである。

置賜地方では、頓知の効いた人を「佐兵のようだ」ということがある。佐兵のモデルである高橋佐兵次《さへいじ》は、江戸時代後期の人である。高橋佐兵次が暮らした高畠町亀岡地区露藤には、高橋佐兵次翁供養塔がある（高畠町観光協会ホームページ）。

山伏狐　山伏（法印）が昼寝をしている狐にホラ貝を吹いて驚かす。すると、急に暗くなる。葬列に出くわしたので、山伏は木の上に登って見ていると、棺の中から死人が出てきて木に登ってくる。山伏は木の上の方に登り逃げるが、そのうちに木の枝が折れて落ちると明るくなった（『羽前小国昔話集』）。また、泊まった家で風呂を借りたつもりが、川の中に入っていたという話もある（『飯豊山麓の昔話』）。

どちらも山伏が狐をホラ貝で驚かせたため、狐に仕返しされた話である。法印が主人公であることが多く、「法印と狐」と呼ぶことがある。この話は場所や修行者が特定され、世間話のように語られることもある。武田正は、置賜地方では「法印と狐」は行者などが伝えたと説明する。

おもな民話（伝説）

与蔵沼《よぞう》　炭焼きをしていた与蔵という若者がいた。ある日、与蔵が沼で赤い魚を捕まえ、焼いて食べた。喉が渇くので大量の水を飲む。飲んでいるうちに、与蔵は大蛇になってしまった。母親が与蔵の名を呼ぶと、一度は姿を現すが、それきり出てこなくなった。それからこの沼を与蔵沼、峠を与蔵峠と呼ぶようになったという（『萩野才兵衛昔話集』『山形県伝説集・総合編』）。

与蔵沼は、鮭川村にある沼である。与蔵峠は、最上地方と庄内地方を結ぶ交通の要所であった。むやみに川や沼の魚を食べてはいけないという禁忌も合わせて語られることがある。川や沼の魚を食べ大蛇になる伝説は、秋田県の八郎潟、青森県の十和田湖にもある。

阿古屋《あこや》の松　出羽の領主藤原豊成《とよなり》の娘、阿古屋姫のもとへ、夜に名取左衛門太郎と名乗る男が通う。ある晩、男は千歳山の老松の精だと正体を告げる。名取川の橋が洪水で流され、千歳山の老松を橋の材料にすればよいというご神託がある。切り倒した老松を運ぼうとしても動かないが、阿古屋姫が老松に手をかけると動く。阿古屋姫が峠を越える時、老松にささやきながら引いたので、笹谷《ささや》峠という。その後、阿古屋姫は老松の菩提を弔うため、庵をつくり、松を植えた。これが阿古屋の松であり、庵は山形市の千歳山万松寺《ばんしょうじ》である（『出羽の伝説』）。

阿古屋の松は歌枕として有名であった。平安時代の歌人、藤原実方《さねかた》は帝から歌枕を見に行くよう言われ、みちのくへ行く。松島に着き、塩釜明神の化身である老人に阿古屋の松への道を尋ねる。道すがら、藤原実方は宮城県名取郡笠島の道祖神の前で落馬し、死んでしまう。娘の中将姫が、阿古屋の松を見にいく。千歳山まで来た時、長旅でやつれた自分の姿を見て悲観し、身を投げたので恥川《はずかしがわ》という（『出羽の民話』）。

藤原実方の伝説は、『平家物語』『古事談』、謡曲「阿古屋松」などにも記されている。千歳山万松寺には、阿古屋姫の木像と藤原実方の墓碑（板碑）、阿古屋姫、中将姫の墓がある。なお、宮城県柴田郡川崎町にも阿古屋の松がある。

おもな民話（世間話）

磐司《ばんじ》祠　磐司と磐三郎《ばんさぶろう》は兄弟の猟師であったが、慈覚大師《じかくたいし》の教化により仏門に入り、大師が山寺を開山する際に力添えをしたという。寺の周辺が殺生禁断になったため、猪たちが大師にお礼を言うと、大師は磐司に礼をするよう言う。そのため、旧暦7月7日の祭には、磐司祠で獅子舞を奉納するのだという。磐司が矢を研いだ「矢とぎ清水」、大師が大石の上で磐司磐三郎と対面したためについた「対面石」がある。山寺の奥にある「磐司岩」は、磐司と磐三郎が住んだ地だという（『山形県伝説集・総合編』）。

山形市の山寺（立石寺《りっしゃくじ》）の開山にまつわる伝説である。磐司磐三郎は、兄弟であるとも、一人の名前だとも言われる。狩りを生業とするマタギの祖であり、伝説は東北から北関東にかけて分布している。

妖怪伝承

鮭の大助

地域の特徴

山形県は、北には秋田県、西には新潟県、東には宮城県、南には福島県と県境を接する。秋田県、新潟県と同じく日本海に接した日本海側気候で、県内の大部分が特別豪雪地帯に指定されている雪深い県である。ただし、日本海に面した庄内地方は平均気温が北関東並みに高く、比較的、温暖な気候である。庄内平野の北側には鳥海山が、南東には出羽三山（月山・羽黒山・湯殿山）がそびえる。出羽三山は、修験道における日本有数の重要拠点でもある。修験道とは、大陸から渡来した仏教と日本の山岳信仰とが混合した信仰であり、入山修行が重要な意味をもっている。

山形県は周囲を山で囲まれていると同時に、県内を流れる最上川を利用した舟運や、日本海を行き来する北前船を使った交易などで次第に豊かな生活を築いていった。山形県の名産としては漆器、織物、紅花などが知られる。古代には、庄内地方は越後国の一部であり、置賜・村山・最上地方は陸奥国の一部であった。後に出羽郡が置かれると、陸奥国から置賜と最上を分けて出羽郡に編入し、庄内には国府が置かれた。そして明治時代に入ると、羽前国に羽後国の飽海郡を加えた地域が山形県となった。県名の由来は、現在の山形市南部が「山方郷」とよばれていたことによるという。

伝承の特徴

山形県の伝承の特徴として第一にあげられるのは、「山」にまつわるものが少なくないということであろう。四方を山に囲まれているという地勢に加え、修験道の行場としての出羽三山（月山・羽黒山・湯殿山）や、山形県と秋田県にまたがっており、やはり修験の行場である鳥海山などの山々を抱えていることが、修験者（山伏）のイメージを宿した天狗の伝承などに深く関わっているものと考えられよう。また、動物にまつわる伝承や、動物妖怪が多いのも、山形県の特徴のひとつに数えられる。古代から伝わる豊かな自然が近代以降も県内各地に残されているという地理的な条件も、山形県の伝承に影響を与えているものと考えられる。

妖怪伝承の隣接分野に目を向ければ、東北地方にはイタコのほかにも、カミサマ、ワカサマ、アズサなど、さまざまな口寄せ巫女がいた。口寄せ巫女とは、死者や神などをみずからに憑依させてその声を代弁する民間宗教者のことである。山形県においては、「オナカマ」という口寄せ巫女が存在していた。東北地方の各県は、ある程度、重なり合った文化や習俗をもつが、似ている文化であっても、それぞれ少しずつ異なった特徴をもち併せているのである。

主な妖怪たち

犬の宮・猫の宮

置賜にある「犬の宮」は、人身御供を求める狸の化け物を退治した犬を祀った神社である。そのすぐ近くにある「猫の宮」は、庄屋の妻の体調を悪化させていた屋根裏の大蛇を退治した猫を祀っている。山形県内には、全国に広がる「猿神退治」に類する伝承が散在しているが、狸（狢《むじな》）や蛇など、猿以外の獣が退治されることが多い。

ウコン・サコン

米沢市に伝わる狐の伝承。江戸時代のこと、米沢藩の侍が、中身を間違えた書状を飛脚に持たせて幕府に向かわせてしまった。上代の岩井大膳が、飼っていた狐を走らせて、下総古河あたりの道中で飛脚がうたた寝をしている隙に中身をすげ替えさせた。たったの一昼夜で往復をしたので、米沢の城中に戻ると、狐はすぐさま倒れて死んでしまった。死んだ狐がウコン（右近）・サコン（左近）のどちらであるのかはわからないという。狐の遣いを走らせる、いわゆる「狐飛脚」とよばれる説話は各地に残る。

大山の犬祭り

犬の宮の伝承に似たものとして、鶴岡市に伝わる、人身御供を求める古狸（古狢）を退治した犬の伝承がある。椙尾神社で毎年続く人身御供の噂を聞きつけた旅の僧侶が深夜の社殿に忍び込んだ。すると、奥から大入道が現れて生贄の女を食らった後、「丹波の国の和犬《メッケいぬ》に、ちっともこのこと知らせるな」と繰り返した。これを聞いた僧侶は丹波の国に赴いて１匹の白犬を手に入れると、ちょうど１年後に再び神社を訪れた。そして、大入道と犬とは相打ちになり、人身御供の必要はなくなったのである。椙尾《すぎのお》神社で行われる「大山の犬祭り」はこの伝承にちなんだものである（『旅と伝説』1-8）。

片目の鮒　日照りが続いたときには、鶴岡市の薬師社にある池を掃除して、雨乞いをするとよいと伝えられている。すると、この池に棲む小さな片目の鮒が怒って、雨を降らせるのだという（『庄内大谷の民俗』）。片目魚の伝承は全国各地に伝わるが、鶴岡市の片目の鮒の場合は、雨乞いの習俗と関わっているところに特徴がある。

河童地蔵　尾花沢市毒沢の川原子地蔵は河童地蔵ともよばれている。かつて、川原子地蔵の近辺を流れる最上川では水難事故が絶えず、溺死者の多発は河童によるものと考えられていた。川原子地蔵は、水難者の供養と安全を願って建立された。河童は全国各地に伝わる妖怪であるが、それぞれの土地における扱いは同一ではない。例えば、寺社が河童をどのように扱っているかをみると、河童に対する認識の違いがわかってくる。河童を一種の水神として祀っている場合もあれば、川原子地蔵のように河童の被害を防止しようとして水難者を祀ることもあるのである。

ケサランパサラン　白い毛玉状の呪物で、もつ者に幸福をもたらすという。ケセランパサラン、テンサラバサラ、ヘイサラバサラなどの別名をもつ。一種の薬品として珍重されてきた動物の結石の意味が変じたものと考えられている。山形県や宮城県などには、宝物として神棚に祀る旧家や寺社もある。念珠関村（現在の鶴岡市）では、テンサラバサラは白粉を食べさせて育てると子を産んで増えるといわれていた。落雷のあとによく落ちているという（『民間伝承』16-1）。

1970年代にマスメディアを通してケサランパサランのブームが捲き起こると、一気に全国的な知名度が上がった。そして、マンガのタイトルや化粧品メーカーの名前にも使われるようになったのである。現在でも開運グッズとしてその名を付けた商品が販売されていることがある。世間で一般的にケサランパサランなどとして認識されているものは、基本的には動物の毛玉、球状の鉱物、植物の綿毛の３種に大別できる。

ケボロキ　奥羽地方の山村に伝わる、山中に響く怪音の妖怪。夜間、小屋の中で休んでいると、誰も木を伐っていないにもかかわらず、まるで鋸で木を挽いているかのような音が響く。ついには木の皮の軋む音に続いて大木が倒れ掛かる気配までするが、地響きや振動はなく、またすぐに鋸の音が始まる。こうした山中の音の怪を、ケボロキあるいはケブルキとよぶが、語源は不明である（『旅と伝説』9-4）。日本各地に伝わる、テングダオシやソラキガエシといった、木を伐る音に似た怪音の妖怪と同様のものだと考えられている。

鮭の大助《おおすけ》　見てはいけない巨大な怪魚。東北地方や新潟県などには巨大な怪魚「オースケ」（大鮭の意）や「鮭の大助」「オースケコースケ」（大助小助）にまつわる伝承がある。山形県の庄内地方では、旧暦の10月20日、あるいは11月15日などの特定の日に、「鮭の大助、今、のぼる」などと大声で叫びながら川を上る大魚が現れるという。新庄市では、この声を聞いてしまった者は三日のうちに死ぬと伝えられていた（『新庄のむかしばなし』）。特定の日に特定のルートを辿る、見てはいけない怪異という点では、かつて京の都に出たという百鬼夜行とも共通する。

白髭水《しらひげみず》　吾妻山中腹の集落には、1659（万治２）年の大洪水の際、白鬚の老人が水の上に座ったまま流れていったという伝承がある（『民間伝承』8-1）。ほかにも東北地方には、老人が、大水が出た際に水の上に座って流れてきたり、大水が出る前にそれを予言したりといった「白鬚水」あるいは「白髪水」の伝承が残る。災害にまつわる怪異伝承の一つであるといえよう。

仙人嶽　湯殿山の後ろに続く「仙人嶽」という山には仙人が棲んでいるという。この仙人は、人間が山に入って聖域を侵すことを嫌う。そのため、仙人嶽に入った者は二度と村に帰ることができない。もし帰ることがあっても、じきに死んでしまう。仙人嶽の山裾には仙人沢という場所があり、湯殿山に奉仕して、一生、山を下らない修行者が暮らしているという（『旅と伝説』17-1）。

デエデエボウ　羽黒山周辺に伝わる雪山の妖怪。一本足の巨人だと考えられている。雪が降った後、飛び飛びに大きな足跡のようなものが付いていることがあり、これはデエデエボウが足跡を付けていくのだという（『旅と伝説』17-1）。雪の上に一本足の足跡を点々と残すという特徴は、和歌山県の一本ダタラなどに共通する。

手長足長　並外れて手の長い「手長」と、並外れて足の長い「足長」で一対となる妖怪。東北地方の伝承ではときに恐ろしい存在として語られるが、本来は中国の『山海経』などに記載された、辺境の国に住むと考えられていた異人であった。山形県と秋田県の県境である「有《う》耶《や》無《む》耶《や》の関」では、手長足長が、関を通過しようとする人々を捕らえては食っていたという。関には三本足の烏がいて、手長足長がいるときには「有耶」と鳴き、不在のときには「無耶」と鳴いて、関を通ろうとする人々にその有無を知らせたものだという（『郷土趣味』3-12）。

出羽三山の天狗

日本でも有数の修験道の修行場である出羽三山（月山・羽黒山・湯殿山）には、天狗が棲むと言い伝えられてきた。羽黒山の入峰修行中に起こる不思議な現象は「天狗様の悪戯」だと考えられていたのである（『旅と伝説』17-1）。明治の初め頃のこと、狩川村の佐吉という男が荒沢の杉を買い取った。しかし、杉に斧を打ち込むと血のような真っ赤な液体が流れ出たり、杉材の搬出をする男たちが怪我をしたりしたが、なんとか仕事を終えることができた。３年後、出羽三山詣りに出かけた佐吉が古峰ヶ原の山伏宿で風呂に浸かっていたところ、風呂の火の様子を見に来た寺男が「佐吉、しばらくぶりだな」と話しかけてきた。男の顔に見覚えのない佐吉が、いったい誰なのか問うと、寺男は「俺は荒沢の天狗だ」と言って睨みつけた。よく見ると、男の顔色は赤く、鼻は飛び出しており、紛れもない天狗であった。佐吉が逃げようとすると、天狗は風呂を持ち上げてしまった。そして、「お前に木を伐られてしまい、荒沢にもいられなくなった。そのためここに来て働いているのだ」と語るので、恐怖のあまり気絶してしまった。これ以降、佐吉は寺社の杉を買わないことにしたという（『羽黒山二百話』）。

また、山深いところに急に開けた平らな場所があれば、それは天狗が相撲を取るための場所だと言い伝えられてきた。こうした場所は、人が汚したり、荒天で乱れたりしても、いつの間にか元どおりになっている。天狗の相撲取り場は、月山のバラモミ沢、朝日岳、母刈山、黒森山など山形県内各地のほか、宮城県などにもあった。月山・湯殿山にわたる連峰の中には「天狗相撲取山」という名の山があり、峰の一部の10mほどのところが綺麗にならされた砂地になっている。毎年、正月十日の未明になると、置賜・庄内・村山に棲む天狗たちがこの場所に飛び集まり、京都の鞍馬山から来た天狗が行司を務めて、相撲を取り合うという。この日は決して山に登ってはならないと、きつく戒められている（『あしなか』165）。

ナベオロシ

東村山郡では、夕暮れ時に、杉の木の梢から真っ赤に焼けた鍋が降りてくるという伝承があり、これをナベオロシといった。類似の伝承に、近畿地方などにおけるツルベオロシ、ツルベオトシなどがある。ナベオロシの場合は、真っ赤に焼けた鍋であるというところに一つの特徴がある。

化け石

上山市の生居には「生居《なまい》の化け石」とよばれる巨石がある。昔、化け石が庄屋に向かって「飯を食わせろ」と言ったので、一俵分の握り飯を食わせた。すると、お礼に小さな石をよこした。屋敷内の池に投げ込めば家が栄えると言うのでそうすると、家は末代まで繁盛した。

雪女房

米沢に伝わる、いわゆる「雪女」に類する伝承。未婚の若者が冬場の山奥で炭焼きをしていると、夜半に美しい女が訪ねてきて、道に迷ったという。泊めてやると、女は男のもとに居つくようになり、いつの間にやら夫婦になっていた。しかし女は、寒いから火にあたるよう勧めても、寒くないと言って、決してあたろうとしなかった。いつしか二人の間には子どももできて、仲睦まじく過ごしていた。正月の近くなったある吹雪の日、女は、暇をもらって外に出てみたいと言った。男は止めたが、女は一人で出ていってしまった。すると、大きな音がしたので男が表に出ると、雪崩が起きていた。雪のなかから、女の着ていた着物がちらっと見えた。男は、女が死んでしまったものと思い、子どもを連れて里に降り、幸福に暮らした。里の者は、女が雪の精であったと噂した（『雪女房―米沢の民話』）。同様の伝承が各地に伝わるが、少しずつ話が異なる。小国に伝わる雪女郎は、人間の子を攫うなどと伝えられるほか、ウブメのように、出会った男に怪力を授けることもあるという。

与次郎稲荷の狐

東根市に祀られる稲荷神社の狐。秋田県秋田市にも祀られている。与次郎稲荷は水戸から秋田に移った佐竹氏が与次郎という狐を神として祀ったことに端を発する。佐竹氏が久保田に城を築く際、棲家を奪われた白狐が佐竹義宣の夢枕に立ち、城内に土地が欲しいと訴えた。そこで稲荷社を祀ると、その恩義に報いるため、白狐は与次郎という名の飛脚の若者に化けて佐竹氏に仕えた。幕府の姦計により狐罠で殺された白狐を祀るために建立されたのが与次郎稲荷である。

高校野球

山形県高校野球史

山形県内で最も古い歴史を持つのは山形県尋常中学（現在の山形東高校）で，1889年頃にはすでに野球が行われていたという．1900年には庄内中学（現在の鶴岡南高校）でも創部，さらに山形師範，山形中学新庄分校（現在の新庄北高校）でも創部された．

36年山形中学が初めて甲子園出場を果たした．以後，山形中学は4年連続して甲子園に出場したが，いずれも初戦で敗れ，全国大会で勝ち星をあげることはできなかった．

戦後第1回の夏の大会でも山形中学が奥羽代表となったが，甲子園では函館中学に5－13と大敗した．以後，57年まで続いた東北予選で宮城・福島勢を破って甲子園に駒を進めることができたのは，52年と57年の山形南高校，55年の新庄北高校のみである．

59年からは予選の組み替えで秋田県と西奥羽予選を戦うこととなったが，秋田県勢の壁は高く，1県1校の記念大会以外で出場できたのは2回だけであった．

63年日大山形高校が県大会を制した．この年は西奥羽予選がなく，同校は甲子園に初出場を果たした．以後，日大山形高校は県内での強豪校となり，68年，73年も同校が甲子園に出場している．

76年夏からは1県1校となり，他県との決定戦がなくなった．79年夏には日大山形高校が初めて3回戦まで進出している．82年夏には東海大山形高校が甲子園に初出場した．以後，両校は山形県の高校球界を2分する勢力となり，90年までの9年間，夏の代表校は両校が独占した．

その後，酒田南高校が台頭．関西からの野球留学生を受け入れ，97年夏に甲子園初出場を果たすと以後は常連校として活躍．さらに県外からアドバイザーを招聘するなど県をあげて強化に取り組み，山形中央高校なども甲子園で活躍するようになった．

主な高校

酒田南高（酒田市，県立）
春1回・夏10回出場
通算4勝11敗

1961年に創立し，翌62年創部．96年に上宮高OBの西原忠善監督が就任して強くなり，97年夏に甲子園初出場．以後は常連校となり，2000年夏には益田東高校を降して初勝利．05年夏には3回戦まで進んでいる．

新庄北高（新庄市，県立）
春0回・夏2回出場
通算0勝2敗

1900年山形中学校新庄分校として創立．02年に独立して県立新庄中学校となる．48年の学制改革で県立新庄第一高校となり，50年に新庄第二高校と統合して県立新庄高校と改称．52年南北に分割され，新庄北高校となった．

00年創部．55年夏に甲子園初出場，59年夏にも出場している．

鶴岡東高（鶴岡市，私立）
春2回・夏6回出場
通算4勝7敗

1964年鶴岡経理専門学校として創立．68年鶴岡商業高校となり，76年に普通科を設置して鶴商学園高校と改称．2000年鶴岡東高と改称．

創立と同時に創部．鶴商学園高校時代の78年夏に甲子園初出場，翌79年選抜では初勝利をあげた．81年夏に出場した後は低迷していたが，鶴岡東高校に改称後の2011年夏に30年振りに出場し，以後は出場を重ねている．

東海大山形高（山形市，私立）
春3回・夏6回出場
通算5勝9敗

1965年一橋商業高校として創立，77年一橋高校となる．78年東海大と提携して東海山形高校となり，82年東海大山形高校と改称．

創立と同時に創部．82年夏甲子園に初出場すると，89年までの8年間で春夏合わせて7回出場した．2004年選抜ではベスト4まで進んでいる．

日大山形高（山形市，私立）
春4回・夏17回出場
通算15勝21敗

1958年山形第一高校として創立．62年日大山形高校となる．

創立と同時に創部し，63年夏に甲子園初出場．以後常連校として活躍．2013年夏には山形県勢として夏の大会で初めて準決勝に進出した．

羽黒高（鶴岡市，私立）

春1回・夏2回出場
通算3勝3敗

1962年羽黒工業高校として創立．89年羽黒高校と改称．

63年創部．羽黒高校に改称後，ブラジルからの留学生を擁して2003年夏に甲子園に初出場．05年選抜ではベスト4に進んで注目を集めた．留学生がいなくなった後も，18年夏に出場している．

山形中央高（山形市，県立）

春2回・夏2回出場
通算3勝4敗

1946年山形県山形公民中学校として創立．戦後の学制改革で山形市立山形産業高校，山形県立第六高校を経て，50年県立山形中央高校と改称．

53年創部．86年体育科を設置して強くなり，2010年選抜に21世紀枠で初出場．同年夏に連続出場を果たすと，以後強豪校の仲間入りを果たし，14年夏には3回戦まで進んでいる．

山形東高（山形市，県立）

春0回・夏5回出場
通算0勝5敗

1884年山形県中学校として創立．86年山形県尋常中学校，1900年山形県山形中学校，01年県立山形中学校と改称．48年の学制改革で県立山形第一高校となる．50年山形第五高校と統合して山形東高校と改称．

1889年頃から活動していたといい，米沢中学とともに県内屈指の名門校．1936年夏に甲子園出場．旧制中学時代に5回出場している．戦後は1度も出場していない．

山形南高（山形市，県立）

春0回・夏5回出場
通算0勝5敗

1941年県立山形第二中学校として創立．48年の学制改革で山形第二高校となり，50年山形第四高校と合併して山形南高校と改称．

46年の中等学校野球の復活の際に創部し，52年夏に甲子園初出場．以来，夏の大会に5回出場している．

⚾山形県大会結果（平成以降）

	優勝校	スコア	準優勝校	ベスト4		甲子園成績
1989年	東海大山形高	10－3	米沢中央高	日大山形高	酒田工	初戦敗退
1990年	日大山形高	10－1	東海大山形高	米沢中央高	寒河江高	初戦敗退
1991年	米沢工	4－1	鶴商学園高	日大山形高	寒河江高	初戦敗退
1992年	日大山形高	7－6	米沢中央高	東海大山形高	米沢工	3回戦
1993年	日大山形高	20－1	山形中央高	羽黒高	東海大山形高	3回戦
1994年	鶴岡工	6－3	山形商	羽黒高	寒河江高	初戦敗退
1995年	東海大山形高	4－2	日大山形高	酒田工	羽黒高	3回戦
1996年	日大山形高	7－2	羽黒高	酒田商	山形東高	初戦敗退
1997年	酒田南高	5－4	東海大山形高	寒河江高	新庄東高	初戦敗退
1998年	日大山形高	8－2	酒田南高	新庄東高	山形南高	初戦敗退
1999年	酒田南高	8－0	上山明新館高	山形中央高	鶴商学園高	初戦敗退
2000年	酒田南高	9－5	東海大山形高	山形中央高	新庄東高	2回戦
2001年	酒田南高	8－4	日大山形高	鶴岡東高	米沢興譲館高	初戦敗退
2002年	酒田南高	7－3	羽黒高	寒河江高	山形工	初戦敗退
2003年	羽黒高	7－2	酒田南高	山形中央高	鶴岡工	初戦敗退
2004年	酒田南高	6－2	東海大山形高	鶴岡工	羽黒高	3回戦
2005年	酒田南高	8－5	羽黒高	日大山形高	米沢商	3回戦
2006年	日大山形高	8－2	東海大山形高	酒田東高	酒田南高	ベスト8
2007年	日大山形高	6－4	羽黒高	酒田南高	山形中央高	初戦敗退
2008年	酒田南高	6－2	羽黒高	鶴岡東高	東海大山形高	初戦敗退
2009年	酒田南高	17－0	新庄東高	日大山形高	米沢中央高	初戦敗退
2010年	山形中央高	4－3	鶴岡東高	山形南高	日大山形高	初戦敗退
2011年	鶴岡東高	3－2	山形中央高	日大山形高	羽黒高	初戦敗退
2012年	酒田南高	6－5	日大山形高	山形中央高	羽黒高	初戦敗退
2013年	日大山形高	7－3	米沢中央高	酒田南高	山形中央高	ベスト4
2014年	山形中央高	5－2	酒田南高	鶴岡東高	日大山形高	3回戦
2015年	鶴岡東高	13－2	羽黒高	山形中央高	酒田光陵高	3回戦
2016年	鶴岡東高	10－8	山形中央高	酒田南高	米沢中央高	初戦敗退
2017年	日大山形高	16－3	山形中央高	酒田南高	山形城北高	初戦敗退
2018年	羽黒高	5－4	鶴岡東高	酒田南高	山形南高	初戦敗退
2019年	鶴岡東高	11－7	山形中央高	山形工	東海大山形高	3回戦
2020年	鶴岡東高	9－4	東海大山形高	山形中央高	日大山形高	（中止）

やきもの

平清水焼（徳利と猪口）

地域の歴史的な背景

山形は、都（京都）から見ると、僻遠の地。古くは、神秘の地ともされた。

出羽三山（羽黒山・月山・湯殿山）に日本で最大の修験《しゅげん》（山伏《やまぶし》）の行場（霊場《れいじょう》）がつくられた。また、秘湯とされる温泉も多く分布する。江戸時代の『人国記』によると、出羽の風俗は、陸奥《むつ》（青森県・岩手県の一部）とあまり変わりはしないが、その気質は陸奥よりも律義で、武士はより忠孝の志が強い、とある。

江戸時代、この出羽が大きく変わる。大坂と日本海側の港を結ぶ北前船によって、「山形商人」による商業活動を生んだからである。特に、酒田は最大の商業港として発達。山形商人たちは米の搬出だけでなく、紅《べに》花《ばな》（染料）や青苧《あおそ》（糸の原料）、鉄瓶や梵鐘《ぼんしょう》などの産物を大坂方面に売りさばいた。江戸期の山形は、東北で最大の商業地であった。

ここで、磁器も焼かれるようになる。磁器の食器としての優位性はすでに述べたところである。寒冷な東北地方では、通年的な産業化がむつかしいところであったが、ここでは平清水《ひらしみず》（山形市）でいち早く磁器焼成が本格化した。これも、山形商人たちが地場商品としての産業化を求めたからだ、と伝わる。

江戸末期から明治期にかけて、山形県下には平清水焼を始め、成島焼（米沢市）・東山焼（新庄市）・上《かみ》の畑焼（尾花沢焼）など20カ所余りに窯場が分散してあった。東北一の窯業地であった、といえる。以後、戦争や交通路の変遷などによって窯場《かまば》の浮き沈みがあったが、現在に伝統をつなぐやきものも少なくない。

主なやきもの

平清水焼《ひらしみず》

山形市の東南、千歳山《ちとせやま》の南麓が平清水焼の里である。文化年間（1804～17年）に常陸国水戸（茨城県）から来た小野藤治平《おのとうじへい》がやきものづくりを始めた、と伝わる。当初のやきものは、陶器であった。弘化年間（1844～48年）には、山形城下の商人たちの求めに応じて磁器を焼くようになり、明治期には磁器生産を中心として最盛期を迎えた。当時は30軒を超える窯元があったが、明治末期に鉄道の開通によって瀬戸（愛知県）や美濃（岐阜県）の磁器類が流通するようになり、規模が縮小されていった。現在の窯元は、3軒である。

平清水では、陶器を土焼《どやき》といい、磁器を石焼《いしやき》という。

陶器では、甕《かめ》や擂鉢《すりばち》・火鉢《ひばち》・片口・徳利などの日常雑器類が中心である。もともとここの粘土は、鉄分を含んでいて赤い。それを焼くと薄茶色になる。これに鉄釉を掛けると光沢のある茶色に焼き上がる。上級品は、白釉掛けをする。その前にコバルト（青い釉薬《うわぐすり》）で絵を描いておけば、一見して磁器のように見える。独特の味わいを呈した器である。

珍しい製品にインク瓶がある。これは、大正時代（1912～26年）に東京のインクメーカーからの注文で盛んにつくられた。もちろん、ガラス瓶が普及する以前のことである。

また、藍甕《あいがめ》と衛生陶器も特筆に値しよう。藍甕は、藍（植物染料）を立てて糸や布を染めるために使う甕で、だいたい一石（180リットル）入りの大きさのものがつくられた。昭和前半までつくられていた、という。衛生陶器は、大正時代から昭和の初めが全盛期で、白い便器がつくられた。アサガオと呼ばれる青っぽい小便器もある。これらも、瀬戸や常滑（愛知県）の品に押されて姿を消してしまった。

明治期に盛んに焼かれた磁器は、白磁の徳利や皿、茶碗などの食器が中心であった。瀬戸や有田（佐賀県）の磁器が流通するまでは、よく売れた、という。

成島焼《なるしま》

米沢藩主上杉鷹山《うえすぎようざん》の自給自足の政策の一つとして、米沢市成島町で焼かれた陶器。藩士相良清左衛門厚忠《さがらせいざえもんあつただ》を瀬戸量方《はからいかた》として、相馬や会津本郷（福島県）の陶工を雇い入れ、安永7（1778）年、花沢村に開窯した、と伝わる。

製陶に対する藩の意向は、鷹山を補佐した莅戸善政《ししどよしまさ》の『樹畜建議《じゅちくけんぎ》並《ならびに》衆評《しゅうひょう》』に「美をいやしみ丈夫を尊み形を定めて成島焼の産を明にし」と、明確に示されている。当初は陶器の絵付も認めなかった、というが、陶工たちは釉薬の美しさを求め続けた。

成島焼の製品は、擂鉢や甕、徳利、皿、茶碗、火鉢などの日常雑器が中心である。特徴は釉薬の美しさで、黒釉や飴釉《あめぐすり》、灰釉を貴重にし、流し掛けの海鼠《なまこ》釉が巧みである。甕や鉢の内面に灰釉が施されるのも特色といえよう。

明治40（1907）年、成島焼は廃業した。なお、成島焼が成果を上げたことで、領内に小菅《こすげ》焼・十王焼・宮内焼などいくつかの窯が開かれたが、いずれも現存はしていない。

新庄東山焼《しんじょうひがしやま》

天保13（1842）年、新庄市金沢《かねざわ》で涌井弥兵衛《わくいやへえ》が開窯した。2代目からは代々弥瓶と表記され、今日に継承されている。

涌井家の史料によると、初代弥兵衛は大堀相馬焼（福島県）で製陶技術を学んだ後、平清水焼、寺内焼、大宝寺《だいほうじ》焼などの窯場を経て新庄藩に召し抱えられ、その援助を受けて当地に開窯した、という。当初は、鉄釉や海鼠《なまこ》釉の甕や徳利、土堝《どなべ》や行平《ゆきひら》などの日常陶器を焼いていた。

2代目弥瓶は、明治6（1873）年頃から、陶器と平行して磁器生産を本格化させた。燗徳利や碗・皿・花瓶・植木鉢などさまざまな種類の染付《そめつけ》磁器を焼き、明治30年前後にはその最盛期を迎えている。しかし、明治末の3代弥瓶のときに磁器生産を中止。以来、地元の粘土による日常陶器の生産に転換した。

上《うえ》の畑《はた》焼

上の畑村（現・尾花沢市）において、長瀞藩御用窯の都山陶器所で焼かれた磁器。開窯は、天保4（1833）年と伝わる。『長瀞藩御役所日記』には、江戸家老の大崎七郎《おおざきしちろう》左衛門《ざえもん》の立ち会いの下に窯焚きが行われた、と記されている。しかし、天保の大飢饉に見舞われたことなどにより、わずか十数年で廃窯になってしまった。

発掘調査により、碗・皿・鉢・土瓶・植木鉢・徳利・水指《みずさし》など日常雑器を中心としたさまざまな染付製品が出土している。文様には、山水や唐草、柘榴《ざくろ》や桃、牡丹などの植物文、栗鼠《りす》や蝙蝠《こうもり》、魚などの動物文が見える。また祥瑞手《しょんずいで》や芙蓉手《ふようで》などが比較的多く、上絵付もみられるなど、高い技術がうかがえる。

なお、上の畑焼は、昭和55（1980）年、戦後研鑽を積んだ陶工伊藤瓢《いとうひょう》堂《どう》によって復興された。その製品は、湯呑《ゆのみ》や徳利、皿、花瓶など、呉須絵付が美しく、銀山温泉の代表的なみやげとして人気を呼んでいる。

Topics ● やきものの風呂釜

平清水でつくられ、この地方だけに使われた特殊なものに陶器の風呂釜がある。これを瀬戸風呂という。中に鉄砲と呼ぶ鉄製の円管を立て、その中に焚木《たきぎ》を入れて焚き、周囲の水を温めるのである。にわかには信じがたいことであるが、鋳物《いもの》釜が入りにくかったり高かったりした所では、やきものの釜が使われていたのである。

ちなみに、江戸時代には素焼土器の釜も存在した。菱屋平七《ひしやへいしち》という商人が記した『筑紫紀行』には、四国の善通寺（香川県）の宿で土器の風呂に入って驚いた、との記述がみえる。この素焼製の風呂釜は、昭和10年代頃までその形跡があった、という。これは、善通寺に近い岡本という所でつくられた釜であった。

Ⅳ

風景の文化編

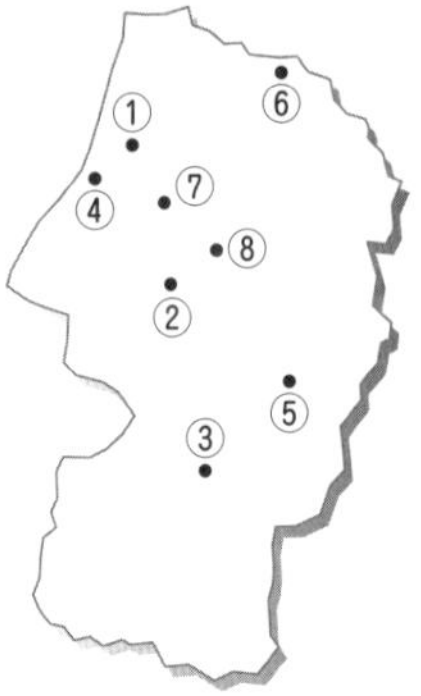

地名由来

「出羽国」の中心地

奈良時代以前は、現在の東北地方に当たる地域は「陸奥国」と呼ばれていた。和銅5年（712）に「出羽国」が設置された当初は旧越後国出羽郡を中心とした狭いエリアであったが、その後の数十年間で、現在の山形県全域と秋田県南部を含めた国が成立した。「出羽」は今は「でわ」と読むが、正式な旧国名は「出羽国《いではのくに》」である。

『延喜式』では所轄郡として11の郡が挙げられているが、今の山形県に相当する郡は次の6つの郡である。

　　置賜郡《おきたまのこおり》・出羽郡・田川郡・村山郡・最上郡・飽海《あくみ》郡

「置賜」は今の米沢市・南陽市・長井市の一帯、「村山」は山形市・天童市・寒河江市・村山市一帯を指している。「最上」は新庄市一帯、「飽海」「出羽」「田川」は酒田市・鶴岡市一帯を指している。

他県から見ると、「山形市」の存在が大きく映るが、実際は「村山」という地名が一般に通用している。明治11年（1878）に「村山郡」は「北村山郡」「東村山郡」「西村山郡」「南村山郡」に分割され、「村山郡」という名称は消えたものの東西南北で生き残り、現在も「東村山郡」「西村山郡」「北村山郡」の3郡が残っている。

一般に、山形県は「村山地方」「最上地方」「置賜地方」「庄内地方」の4つの地域に分けられているが、「山形地方」ではなく「村山地方」と呼んでいるあたりに、「村山」の意地が見えている。

現在の形の「山形県」ができたのは明治9年（1876）のことであった。それまであった置賜県と鶴岡県（酒田県改め）と山形県を統合してできた県名であった。初代県令に起用されたのは鶴岡県令三島通庸《みちつね》（1835～88）であった。三島はもと薩摩藩士であり、鶴岡県は西郷隆盛と懇意にしていた間柄であり、それが奥州には珍しく、今でも鹿児島県と友好関係をとっている理由となっている。

この3つの県を統合するに当たっては、わざわざ大久保利通がこれらの地域を巡視しており、それなりの対応で山形県はスタートした。戊辰戦争では山形藩は弱小の小藩で、形としては奥羽越列藩同盟に属していたが、さしたる実績も挙げられなかったので、「山形」という県名を許可したのであろう。

とっておきの地名

①余目《あまるめ》

全国的によく知られた地名。江戸時代から「余目村」があったが、明治22年（1889）の町村制施行によって同村を中心に8か村が合併して「余目村」となった。大正7年（1918）に「余《あまる》目《め》町《まち》」となったが、平成17年（2005）立川町と合併して「庄内町《まち》」となり、「余目」という町名は消えてしまった。

「余目」に近い地名に「余部《あまるべ》」「餘部」などがあり、古代史をひもとくには重要な地名である。大化の改新（645年）で戸籍法が敷かれ、「戸（こ・へ）」という大家族制のような組織が誕生した。この「戸」を5つ併せて「保」という制度ができたが、その「保」が10個集まると「里（り・さと）」と呼ばれた。つまり計50戸ということになるが、その50を超える端数のエリアを「余部」と呼んだ。「余目」は「余部」の転訛したものである。

②月山《がっさん》

出羽三山で最も標高の高い山（1,984メートル）で、山頂に月山神社が鎮座する。『大日本地名辞書』には「月山を、俗に牛《ウシ》が首《くび》と称す、されば、牛頭山と命ずべし、而も犂牛山《クロウシヤマ》ともいふ。月山の名は、半月状の形容あるを以てにや、後人、更に暮礼新月の説を為し、叉、月読尊に附会す」と書かれている。「牛が首」も「犂牛山」も牛が寝ているような山容からつけられたものだとするが、また半月状の山容によるとも書いている。

月山神社に祀る「月読之《つきよみの》命《みこと》」によるとの説もあるが、吉田東伍は、山容の後に付与したものであると指摘している。「月読尊」「月夜見尊」（つきよみのみこと）とは、天照大神の子どもで「夜の食国《おすくに》」を統治する神とされる。出羽三山の信仰で生まれてきたものであろう。

③白鷹《しらたか》

西置賜郡「白鷹町《しらたかまち》」である。「鷹」という動物地名では我が国の代表的な地名である。由来は、町の北東にそびえる白鷹山（994メートル）が、鷹が翼を広げているように見えることにあるという。確かにそのように見える山容だ。中央に突き出た頂上があり、その左右に翼が広がっている。まさに鷹が飛んでいる形である。翼の上に虚空蔵堂《こくうぞうどう》が祀られ、上杉鷹山直筆の額が掲げられている。

上杉鷹山《ようざん》（1751～1822）は17歳にして日向の高鍋藩から上杉家に養子に入り、さまざまな事業を興して藩政改革に当たったが、この虚空蔵堂は養蚕の信仰の対象として知られる。上杉鷹山は隠居の身になってから「鷹山」と号することになったのだが、その号はこの「白鷹山」に由来するという。

④鶴岡《つるおか》

平成17年（2005）の市町村合併により人口約13万人となり、山形市に次ぐ第二の都市になった。およそ800年前、このあたりは大泉荘《おおいずみのしょう》という荘園であったが、鎌倉幕府の御家人武藤氏が地頭を命ぜられ、ここに大宝寺《たいほうじ》城を築いた。武藤氏は越後の上杉氏の勢力を借りて権勢を振るったが、戦国末期に謀反にあって武藤義氏は最期を遂げた。

江戸時代に入って、山形城主の最上義光《よしあき》の領地に加えられたが、その際、城名を「鶴ヶ岡城」と改めた。これが「鶴岡」のルーツである。

⑤天童《てんどう》

中世末期以来、天童城（舞鶴山城）の城下町として発展。南北朝期、この地を治めた国司北畠顕家《あきいえ》（1318～38）の孫北畠天童丸が当地の山城に拠ったことにちなむという。北畠顕家は建武新政当初、陸奥守として父とともに陸奥に下り、多賀国府を拠点に陸羽両国の経営に当たった武将である。その後、伊達郡霊山に拠点を移し、奥羽にとっては馴染みの人物である。

それ以外に、舞鶴山の山頂で念仏を唱えると、楽を奏しながら二人の童子が天から舞い降りて来たという伝説もある。

⑥及位《のぞき》

全国的にも有名な難読地名である。現地にはこんな伝説がある。

及位の集落の裏手に甑山《こしきやま》という山があるが、この山には昔、2匹の大蛇がいて、悪行を繰り返していた。村人が困りはてていたところに、一人の修験者が通りかかり、山の周辺に大量の蓬《よもぎ》を集めて火をつけていぶし立てた。

大蛇はやむを得ず沼に逃げ込んだ。「この地を去れば許してやる」と修験者は言ったのだが、大蛇は「どこにも行くところはない」と言うので、山の神の力で山を崩して大蛇を埋めてしまった。

修験者は村人からたいそう崇められたが、修行はこれからと言って甑山に入り、自らの足につるを巻き、それを木の根元に結んで、崖に宙吊りになるいわゆる「のぞき」の修業に励んだという。

その後、修行者は京に上って偉い僧になり、高い「位」を授けられ、「のぞき」の修行から高い位に及んだことから、この地が「及位」と呼ばれるようになったという。

どこまで真実かはわからないが、このような伝承が残されていることは大事にしたい。

⑦羽黒山《はぐろさん》

月山・湯殿山とともに出羽三山の1つ。標高414メートルで出羽三山の中では最も低いが、信仰の山として最も多い観光客を集める。信仰の世界では現生を経て(羽黒山)、死後の世界へ行き(月山)、この世に再生する（湯殿山）という意味を持つという。

「羽黒山」の由来としては、崇峻《すしゅん》天皇の皇子である「蜂子皇子《はちのこのみこ》」がこの地に赴いた時、3本足のカラス（烏）がこの山に道案内して修行したという伝説がある。「蜂子皇子」は実在した人物で『日本書紀』崇峻天皇元年の条に、崇峻天皇と后の間に「蜂子皇子」と「錦代皇女《にしきてのひめみこ》」を生んだとある。崇峻天皇（？～592）の在位期間は蘇我馬子が大臣として政権を専らにしたので馬子に反発していたが、馬子の手先に暗殺されてしまう。その子の蜂子皇子は海路出羽に向かい、この羽黒山を開山したと伝えられる。

⑧肘折温泉《ひじおりおんせん》

出羽三山の主峰「月山」(1,984メートル）の登山口に位置する温泉として古来栄えてきた。今も湯治客・観光客に親しまれている。開湯の歴史は大同2年（807）にまでさかのぼり、平成19年（2007）には開湯1,200年を迎えた。

「肘折」の由来としては、肘を折った僧がこの湯に浸かったところ、たちまち平癒したという話がいくつもあるが、この種の話はどこの温泉にもつきものであるので、聞き流しておいてよい。

じつは、「肘折」に近い地名は他県にもある。「脚折《すねおり》」（埼玉県鶴ヶ島市）「膝折《ひざおり》」（埼玉県朝霞市）などで、いずれも「坂を下りる」ことにちなむと考えられる。この地を流れる銅山川が肘が折れるように曲流していることにちなむ説もあるが、やはり坂道にちなむと考えたほうがよい。

難読地名の由来

a.「**左沢**」（西村山郡大江町）**b.**「**鶴脛**」（上山市）**c.**「**無音**」（鶴岡市）**d.**「**温海**」（鶴岡市）**e.**「**日本国**」（鶴岡市）**f.**「**遊摺部**」（酒田市）**g.**「**文下**」（鶴岡市）**h.**「**菜畑**」（鶴岡市）**i.**「**旅篭町**」（山形市）**j.**「**鼠ヶ関**」（鶴岡市）

【正解】

a.「あてらざわ」（「あちらの沢」から「あしらざわ」になったというのが定説になっている）**b.**「つるはぎ」（温泉で鶴の脛が治ったというが、実際は水が流れる崖を意味する）**c.**「よばらず」（声をかけなかったということで、隣とつきあいのなかったところの意味）**d.**「あつみ」（温泉が海に流れ込み海を温めたことから）**e.**「にほんごく」（諸説あるが、蝦夷との戦いでここまでが日本国としたという伝承がある）**f.**「ゆするべ」（「譲る部」のことで、水害による替え地の意味だという）**g.**「ほうだし」（縁者宛てに書いた文が流れついたと言われる）**h.**「からむしばたけ」（植物のカラムシが獲れたことによる）**i.**「はたごまち」（主な宿泊施設が集まっていたことによる）**j.**「ねずがせき」（「子」（北）の「津」にあった関に由来するという）

商店街

七日町商店街（山形市）

山形県の商店街の概観

山形県は、山形市のある村山地方、鶴岡市、酒田市のある庄内地方、新庄市のある最上地方、米沢市のある置賜地方の4つの地域から構成され、商圏も古くからこの5つの都市を中心に形成されてきた。

全国的に地方の商店街が苦境にあるなかで、山形県の中心商店街も例外ではない。出店が相次ぐ郊外型大型店に客が流れたり、村山地方では隣接する仙台市への買い物客の流出も見られる。こうした状況に対して、山形市や鶴岡市の商店街では、商店街主導による独自の取組みも行われている。

県都山形市の中心商店街は、JR 山形駅前の「山形駅前大通り商店街」と、文翔館（旧山形県庁）に続く「七日町商店街」がある。この2つの商店街には、現在でも地元の大沼百貨店などを中心に新旧の商店が軒を連ねている。

庄内地方南部に位置する鶴岡市は近年、観光客が増加している旧城下町で、人口13万人。市町村合併により東北最大の面積を有する。

主な商店街としては、JR 鶴岡駅前の「駅前商店街」、さらにナイトバザールで近年注目を集めている「山王商店街」、古くからの中心商店街である「銀座商店街」などがある。

庄内地方北部最上川河口に位置する酒田市は、江戸時代から舟運の集積地であり、大阪との北前船の寄港地として、「商都」として栄えてきた。しかし、1976年に発生した酒田大火によって中心商店街の大半が焼失。その姿を大きく変えることになった。現在では復興再開発した「中通り商店街」がその中心となっている。

山形県南部、福島県に隣接する米沢市は置賜地方の中心である。現在でも江戸時代の上杉氏の旧城下町として、全国から多くの観光客が訪れる。主な商店街としては、近年再開発が行われている JR 米沢駅から西に伸び

【注】この項目の内容は出典刊行時（2019年）のものです

る「駅前商店街」と、さらに西側に続く古くからの「平和通り商店街」などである。

また、市内北部に位置する「糀町商店街」は、中小企業庁の「がんばる商店街77選」にも選ばれている。

山形県北部に位置する新庄市は最上地方の中心である。このうち「新庄南本町商店街」「北本町商店街」は中小企業庁の「がんばる商店街77選」に選ばれ、全国で初めて100円商店街を企画するなどの取組みを行っている。西村山地区の中心である寒河江市は、西村山地区の商圏の中心として発展してきた。

山形県は古くから最上川の舟運が盛んであり、新庄市や長井市、河北町、大石田町なども舟運の港町として栄えてきた。長井市や大石田町、さらに大江町左沢には江戸時代からの古い商家や街並みも見られ、往時を偲ばせる。また温泉地としても有名な上山市、さらに天童市、蔵王温泉は現在も県内外からの観光客が多く訪れ、みやげ物店も多い。また、芭蕉も訪れた山寺や出羽三山の1つである羽黒山の手向地区は門前町であるが、観光客も多く、土産物店や宿坊などの宿泊施設が立ち並んでいる。

山形県
Yamagata

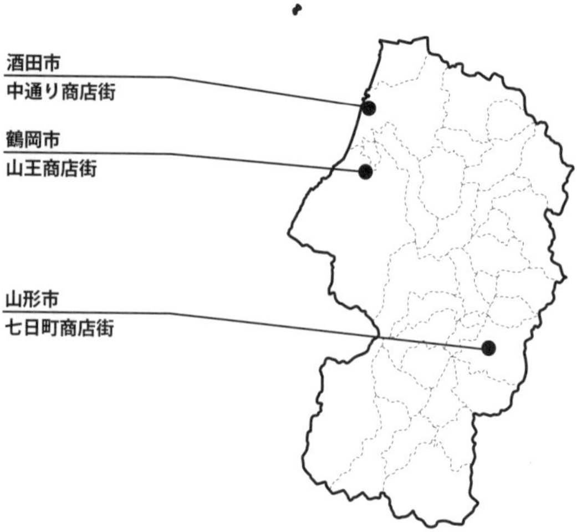

行ってみたい商店街

七日町商店街（山形市）
―「3つの新名所づくり」と複合施設からなる商店街―

山形市は紅花交易などで栄えた商都であり、人口26万人の県庁所在地である。最上義光の時代に現在の街並みの基礎ができたと言う。七日町商店街はこの城下町を起源とし、JR山形駅から約3km、徒歩30分程度の距離にある山形市の中心商業地である。旧県庁舎「文翔館」から南へ約300mの街路（幅員21m）に沿って約80店舗が並んでいる。商店街の来街客数は、1日約1.3万人、年間約500万人と見られている。

かつて七日町商店街には大沼デパートと松坂屋デパート、さらにジャスコ山形店などの大型商業施設が中核をなし、休日だけでなく平日にも多くの買い物客が集まり、県都の中心商店街として賑わいを見せていた。しかし、山形県庁が移転したことや、郊外に大型商業施設がつくられたこと、さらに山形自動車道の開通によって、仙台市への買い物の利便性が高まったことで、仙台市やその周辺の大型商業施設に買い物客を奪われる傾向が続いており、七日町商店街はかつての賑わいが見られなくなっている。

昨今のこのような状況のなかで、七日町通りに賑わいを取り戻し、賑わい創出効果を上げている新しい取組みとして注目されているのが、「3つの新名所づくり」である。「3つの新名所」は、七日町通りの南部、中央部、北部に配置されている。南に位置する「山形まるごと館　紅の蔵」(2009年12月オープン）と北に位置する「水の町屋　七日町御殿堰」(2010年4月オープン）は、七日町の歴史的な建造物である「町屋」を活かし、それらを改修したプロジェクトである。中央部の「山形まなび館」(2010年4月オープン）は、1927年に建設された山形市立第一小学校（国登録有形文化財）を市が整備し、観光文化交流センターとして活用するもので、施設内には多目的ルーム、紅花文庫、山形市文化財展示室、観光案内ルーム、交流ルーム、くつろぎルーム、カフェなどが設けられ、観光・交流・学びの拠点として賑わいをもたらしている。

中心市街地の一等地にある旧山形松坂屋デパートをコンプレックスビルに再生し、2002年に全館グランドオープンしたのが、愛称「NANA BEANS (ナナビーンズ)」という8階建ての複合施設である。「生鮮市場」やファッション系のテナントやビジネスホテル、さらに公共フロアとして、創業支援機関の「山形インキュベートプラザ」、子育て支援施設や高齢者交流サロン、「山形県芸文美術館」、小・中学生の個人学習コーナー、スポーツ関係のイベントが開催される交流スペース「スポーツプラザ21」で構成される。2003年に竣工した「イイナス」も大通りに面した一等地に立地し、「ほっとなる広場公園」をコの字型に取り囲んだ南欧風デザインの東西2棟に楽器店、宝飾店、コーヒーショップなどが入居している。「ほっとなる広場」は、移転した家電量販店の跡地を商店街で借り受けて整備、約10年間にわたり多彩なイベントを実施してきた。リニューアル後も様々なイベントは継続され、「イイナス」とともに市民の人気を集めている。

さらに、ブライダル複合施設「オアゾブルー山形」は七日町商店街の中心部に位置しており、「街なかウェディング」をアピールするスポットとして目を引く存在である。2017年3月には、「N-GATE（エヌゲート）」と称する拠点施設がオープンした。自動車中心の山形市にあって、買い物に便利な立体駐車場との複合施設は、今後の誘客が期待される施設である。このほか、市では2020年までに、複合商業施設・セブンプラザと周辺の再開発計画など約55億円の整備事業も計画している。

山王商店街（鶴岡市）

—「ナイトバザール」で賑わいを取り戻す商店街—

山王商店街はJR鶴岡駅の南約800mにある山王神社から、松尾芭蕉が乗船したことで知られている大泉橋まで、400m余りの通りに位置している。

かつて松尾芭蕉が鶴岡に立ち寄った際に宿泊した現在の山王商店街は、陸路と重要な交通手段であった水路が交差する物流の発着点に当たり、鶴岡市の経済の要地として、その繁栄は大変なものであった。当時の荒町から町名が変わり、店舗数は減ったものの山王商店街の魅力は変わっていない。100年以上続く老舗が多く残り、通り土間のある鶴岡の昔の商家の伝統的な間取りを見ることができる一方、モダンな建物やファッショナブルな店舗、現代的なセンスあふれる個性的な専門店もある。

1994年から始めた山王ナイトバザール（5月から10月までの毎月第3土曜日開催）は、スタンプラリーやフリーマーケットなどの多彩な企画が人気を集めているほか、各店舗の工夫を凝らしたサービスセールが多くの人たちの支持を得て、大変賑わっている。フリーマーケットを中心に子どもに喜んでもらうゲームやスタンプラリー、ミニコンサートなどを企画、商店街以外からの出店希望者を受け入れている。その後に始めた「1店1品セール」や産直のネットワークによる「産直市」、老舗家具店跡の駐車場での「テント村」も定着し、好評を得ている。

2001年度の第48回ナイトバザールでは念願であった車輌侵入禁止、歩行者天国が、鶴岡市の「歩いて暮らせるまちづくり事業」とリンクして実施され、好評を得た。また毎年8月のお盆の時期に開催される「おいやさ祭り」は、商店街をすべて通行止めにして実施している。

山王商店街ではナイトバザールによる商店街活性化の経験を活かし、商店街有志によるまちづくり委員会を中心に、市や大学の支援を受けながらまちづくりを進めてきた。山王商店街再生のための三大事業として、①バザールの舞台として「みち広場」をつくる街路事業、②商店街有志が設立した山王まちづくり株式会社によるテナントミックス事業、③山王まちづくり協定・ガイドラインに基づく個店改修を順次進めてきた。

2010年には、新しく「鶴岡まちなかキネマ」が開館した。また、無電柱化と歩車道全面にわたる無散水融雪道により、雪だまりのない道に生まれ変わり、バザール・イベントの場としての「みち広場」の機能強化につながった。近年では、新規出店者もあり、空き店舗も埋まりつつある。

中通り商店街（酒田市）

—酒田大火からの復興商店街—

1976年10月29日の夜、酒田、飽海地区の商店街の中心として栄えてきた酒田市の中心商店街が一夜にして灰燼と化し、商店街の復興が酒田市復興の成否の鍵となった。酒田市では復興対策事務所を開設し、復興のための相談と指導に当たり、既存の7つの商業組合を、中通り、たくみ通り、大通りの各商店街振興組合に再編・強化して商店街近代化推進協議会をつくり、商店街の復興に取り組んだ。中通り商店街はこの時に組織化されたものである。

防火建築と魅力ある商店街づくりに際して問題となったのがアーケードである。風雨の激しい酒田ではアーケードが必要であるが、大火の経験から防災上不許可になった。そこで、それに代わるものとして、通りの店舗の1階部分をいっせいに引っ込めて建築するセットバック方式を採用しようとしたが、1軒や2軒の問題ではなく、商店街、商店全体の問題だけに議論が沸騰した。結果的には全員の賛成を得て、中通り商店街は市道から1.5m引っ込み、2階部分のひさしを1.5m市道に出す形になり、3mの歩道が確保された。そして2mの緑地をはさんで5mの道路がある全国に例を見ない酒田独特のショッピングモールである中通り商店街は完成した。しかし、店舗の大型化や郊外化の時代と重なり、商店街への客足は以前のようには戻らなかった。

「さかた街なかキャンパス」は、中通り商店街区域内の空き店舗を利用して設置され、年間入場者が1万人を超えるなど、来街者増加に大きな役割を果たしている。この施設では商店街独自のイベントを開催し、さらに学生との共同事業により、若年層の来街を誘引することによって新たな賑わいを創出している。また、東北公益文科大学や産業技術短期大学の学生、地元高校生や農家といった、今までは商店街との交流が少なかった人々との共同事業により、新たなコミュニケーションが生まれた。

現在、中通り商店街では、街の中心である清水屋デパートがある地域を中心に、様々なイベントの開催が行われている。特に近年では酒田市の新たな魅力としての「酒田ラーメン」を目当てに来る県外客も多く、新たな誘客に努めている状況にある。

コラム

100円商店街

2004年に山形県新庄市で始まった「100円商店街」は、「まちゼミ」(2003年岡崎市で開始)、「街バル」(2004年函館市で始まる)とともに、商店街活性化の「三種の神器」と言われている。提唱者の齋藤一成さん(NPO法人AMP理事長)によると、名古屋市大須商店街での見聞がヒントになったとのことである。

商店街全体を1つの100円ショップに見立て、参加商店は100円コーナーを店頭に設置し、店内で会計をすることで、店内に足を踏み入れてもらうことをねらっている。各店舗はそれぞれ100円商品を設定するだけでなく、販売方法も工夫している。茶舗が茶筒を100円で販売して客に詰め放題を楽しんでもらっていた。ゲーム性を取り入れた販売方法で、家族連れに人気があった。物販店以外でも工夫しており、葬儀会社の「納棺体験」やお寺の「六文字写経」という珍しいものもある。商店街が準備するのはチラシ程度で、経費が少なく済むこともあって、参加商店街は増加し、100回近く開催している商店街もある。

花風景

山形市高瀬地区のベニバナ（県花）

地域の特色

北西部は日本海に面し、北部には鳥海山《ちょうかいさん》がそびえ、東部は奥羽《おうう》山脈と火山帯が南北に走り、南部は朝日・吾妻《あづま》・飯豊《いいで》山地が連なる。中央部には出《で》羽《わ》三山《さんざん》などを擁する出羽山地が占め、その山地を囲んで最上川《もがみがわ》が流れ、内陸部に米沢、山形、新庄《しんじょう》などの盆地を形成し、庄内《しょうない》平野の酒田《さかた》で日本海に注ぐ。近世初頭には出羽百万石として一時期山形藩の最上《もがみ》氏が栄えたが、その後小藩に分割された。近世以降は西廻り航路の北前船で上方《かみがた》（大坂・京都）との結びつきが強かった。日本海側の冷温帯の気候を示す。

花風景は、古代からの伝説の古木や近世の城郭跡の城址公園などのサクラ名所、近世に都などで染料として重宝されたベニバナ、古い歴史を持つハナショウブ、現代のバラ園、山岳の高山植物などが特徴的である。

県花はNHKなどの公募で選ばれたキク科ベニバナ属のベニバナ（紅花）である。後述の花風景でも詳しく紹介するが、花はまず黄色で咲いて、徐々に赤色に変色する。近世には北前船の発達で出羽のベニバナが着物の赤色の染料として京の都などに普及した。やがて化学染料の台頭で、失われゆくなりわいの花となる。もっとも、食用油として用いられている。

主な花風景

置賜《おきたま》さくら回廊のサクラ　＊春、天然記念物、日本さくら名所100選

山形県内にはサクラの古木が多く特に置賜地方に多い。置賜さくら回廊は、山形県南部の置賜盆地にあるサクラの古木や名所を巡る山形鉄道フラワー長井線《ながいせん》沿いの約43キロの観光ルートである。日本さくら名所100選「烏帽子山《えぼしやま》千本桜」を起点に、国指定天然記念物「伊佐沢《いさざわ》の久保桜《くぼざくら》」「草岡《くさおか》の大明神桜《だいみょうじんざくら》」、県指定天然記念物「薬師桜《やくしざくら》」をはじめとする樹齢1200年余りの古木や名木、巨木の名所が20カ所ほど点在している。1994（平成6）

凡例　＊：観賞最適季節、国立・国定公園、国指定の史跡・名勝・天然記念物、日本遺産、世界遺産・ラムサール条約登録湿地、日本さくら名所100選などを示した

年各サクラの保存会が集まり「置賜さくら会」を結成、ルートが設定された。それぞれのサクラには、坂上田村麻呂《さかのうえのたむらまろ》や、後三年の役《ごさんねんえき》の源義家《みなもとのよしいえ》、伊達《だて》政宗《まさむね》といった歴史上の人物の伝説が残っている。樹齢400年を超えるものはエドヒガンで、古木の多くは「種蒔き桜」と呼ばれ、雪解けの春に農作業の時期を告げる人々の暮らしと密接な関係にあったといわれている。烏帽子山千本桜と呼ばれ25種約1,000本のサクラが咲く「烏帽子山《えぼしやま》公園」は、いち早く山全体を覆《おお》うようにソメイヨシノが咲く。伊佐沢の久保桜は樹齢約1200年と伝わるエドヒガンの古木。東北地方有数のサクラの巨木で1924（大正13）年に国の天然記念物に指定された。草岡の大明神桜は樹齢約1200年のエドヒガン。2005（平成17）年に国の天然記念物に指定された。白兎《しろうさぎ》のしだれ桜は樹齢約150年、高さ12.2メートルになるシダレザクラ。江戸時代末期から明治時代初期の頃、葉山神社の敷地内に神社合祀記念として植えられたものである。最上川堤防千本桜は1915（大正４）年、大正天皇即位大典の記念に最上川の「さくら大橋」から「長井橋」までの約２キロにソメイヨシノ300本が植樹されたものである。釜《かま》の越桜《こしざくら》は、樹齢800年といわれるエドヒガンで樹高20メートル、幹周《みきまわ》り６メートル、枝張り東西20メートル、南北27メートルと山形県内随一の大きさである。薬師桜は樹齢1200年のエドヒガン。樹高15メートル、太さ８メートル、薬師堂の境内にあり、796（延暦15）年坂上田村麻呂《さかのうえのたむらまろ》が奥州征伐の際に手植えしたものと伝えられている。子守堂のサクラは樹齢1020年といわれるエドヒガンで、樹下の子守堂には病弱な城主の子供を無事に育てた後、忽然《こつぜん》と姿を消した賤《いや》しい身なりの童女（実は仏の化身）の物語が伝えられている。

鶴岡公園《つるおかこうえん》のサクラ　＊春、日本さくら名所100選

鶴岡公園は、鶴岡市にある都市公園である。1875（明治８）年鶴《つる》ヶ岡城《おかじょう》の跡地につくられた城址公園《じょうしこうえん》で、敷地内には堀や石垣、樹齢数百年の老杉などがある。藤沢周平《ふじさわしゅうへい》の時代小説『海坂藩《うなさかはん》』の舞台にもなっている。

樹齢100年を超す古木が多く、城跡のお堀を囲むようにしてソメイヨシノをはじめ、ヤエザクラ、シダレザクラなど約730本のサクラが植えられている。古い石垣と澄んだ水とがよく調和し、美しく長閑《のどか》な風景を醸し出している。満開の花びらをつけて自然にしなやかにお堀の水面に、延びゆくサクラの列の中から大宝館や旧郡役所など歴史的建造物の姿を現しよく

調和しているところが本公園の最大の特徴である。また、鶴岡公園の古木のサクラ並木が創造する花のトンネルは粋な散歩道となっている。

夏から秋にかけては、ツツジやアヤメ、バラといった多種多様の花々が咲き、四季を通して違った表情を表す。

霞城公園《かじょうこうえん》のサクラ　＊春、史跡

霞城公園は、山形市のほぼ中央に位置し約36ヘクタールの面積を有する山形城跡を整備した都市公園である。1600（慶長５）年北の関ヶ原合戦といわれる「長谷堂合戦《はせどう》」で城郭が霞で隠れて見えなかったことから「霞《かすみ》ヶ城《じょう》」とも呼ばれていたという。

公園内には1906（明治39）年に日露戦争凱旋《がいせん》記念と戦友供養のため山形歩兵32連隊帰還将兵が植樹した1,200本のソメイヨシノをはじめ、オオシマザクラやサトザクラ、エドヒガン、黄緑色の花のギョイコウやウコン、新品種の山形霞憐《やまがたかれん》など、1,500本のサクラが植栽されている。石垣に覆いかぶさるように咲くサクラは圧巻で、お堀の水面に映り込む。

古木「霞城《かじょう》の桜」は、公園の西側の土塁に残るエドヒガンで樹齢600年を超えるといわれている。高さ11.5メートル、根元まわり7.8メートル、主幹は枯損し内部はまったく失われ、一部が残っているだけとなっている。このサクラは、初めて城が築かれた当時植えられたものと推定されていて1966（昭和41）年、市の天然記念物に指定された。

公園に隣接して山形新幹線、奥羽本線、仙山線《せんざんせん》、左沢線《あてらざわせん》が通過しているが、サクラの時期には観桜のために速度を落として通行する粋な計らいもある。

山形市高瀬《たかせ》地区のベニバナ　＊夏、日本遺産

ベニバナは、キク科ベニバナ属の一年草である。高さは１メートル程度で初夏に半径2.5〜４センチのアザミに似た花を咲かせる。花の色は咲き始めは鮮やかな黄色の花で、やがて赤みを帯びて朱色を交えるようになる。葉のふちに鋭いトゲがあるため、花摘みはトゲが朝露で柔らかくなっている朝方に行われる。古くから万葉集などでは、久礼奈為《くれない》、呉藍《くれのあい》、末摘花《すえつむはな》などと詠《よ》まれている。日本への紅花の伝来は古く、古代６世紀の推古天皇の時代に朝鮮半島から渡来した僧曇徴《どんちょう》がもたらしたともいわれている。

最上紅花《もがみべにばな》は最上川中流域の村山地方で産出される特産のベニバナである。7月上旬「半夏生《はんげしょう》」に当たる頃にベニバナは咲き出す。村山地方高瀬地区はベニバナ栽培の中心地で、のどかな田園地帯の中にベニバナ畑が広がっている。高畑勲《たかはたいさお》監督の映画『おもひでぽろぽろ』の舞台となった所で、映画では、のどかでありながら豊かな生活を感じさせる田園風景の中に広がる鮮やかな黄色を主体として濃い朱色の花を交えるベニバナ畑の中で、主人公が朝早く花摘みをしている風景が描かれている。

山形でベニバナの栽培が盛んになったのは15世紀半ばごろからで、江戸初期には質・量とも日本一の紅花産地として栄えた。紅花染料は高価で「紅一匁金一匁《べにいちもんめきんいちもんめ》」といわれたほど。最上川舟運によって山形と京・大坂が結びつき、多くの紅花商人たちが活躍、巨万の富を築いた豪商も現れた。明治に入り化学染料が使われるようになると生産は衰退したが、第2次世界大戦後その保存と復興がはかられ、後に山形県花・山形市花として制定された。

ベニバナには黄色素サフロールイエローと紅色素カルサミンの2種類の色素が含まれていて、いずれも染め物などに利用される。カルサミンは発色がよく、高級な衣料品や化粧の紅などに利用されている。水に溶けないため紅餅などのさまざまな技法が開発された。また、種子にはベニバナ油が含まれている。ベニバナ油はリノール酸が70%を占める半乾性油で、高品質で健康に良い食用油として、現在世界のベニバナ栽培の主要な目的となっている。このベニバナ油の油煙からつくる墨が紅花墨《べにばなずみ》で、書画用の墨として使われている。

長井《ながい》あやめ公園のハナショウブ　＊夏

長井あやめ公園は、長井市《ながいし》にある都市公園で日本有数のあやめ園である。全国的にも貴重な品種「長井古種」や「長井系」をはじめ、500種100万本のハナショウブが植栽されている。100万本に及ぶ多くの品種のハナショウブが濃い紫色から薄い紫、青、白色までさまざまな色のグラディエーションを描いて咲く風景はまさに圧巻である。

長井あやめ公園の生い立ちは1909（明治42）年頃、国鉄長井線の誘致運動の資金捻出のため町有林が伐採されたが、その跡地が見苦しかったために地元の風流人遠藤安兵衛《えんどうやすべえ》らによって10（同43）年、ハナショウブ数十株を集めて育て茶店が開かれたことに始まると園内の碑文に記されている。その後1914（大正３）年から30（昭和５）年にかけて公園の拡張が行われ、各方面から優良種を求め植栽された。戦時中は食糧難から畑にされたが、園内に植栽されていたハナショウブは市民によって保存され終戦後再びその苗を持ち寄って公園が復興された。63（同38）年には明治神宮から江戸系ハナショウブ20種200株を譲り受けるなど植栽が続けられ、日本有数のあやめ公園となった。

この公園の特徴は、その数や種類もさることながら、園内には「長井古種」と名づけられた珍しい品種のハナショウブがあることで、市の天然記念物に指定されている。

東沢《ひがしさわ》バラ公園のバラ　＊春・秋

東沢バラ公園は、村山市にあるバラ園である。1956（昭和31）年京成バラ園バラ研究所所長鈴木《すずき》省三《せいぞう》が設計。公園東側の山を造成し700品種約２万株のバラが植えられた。その後、数回にわたる拡張整備を経て、2002（平成14）年に現在のバラ園がオープンした。規模は７ヘクタールで東日本一の広さを誇る。

1999（平成11）年に誕生した村山市のオリジナルのバラ「むらやま」、平和の象徴「ピース」、「バイオレット」などが代表的で、グリーンローズや黒真珠などの珍しい品種のバラも見ることができる。山と湖に囲まれた借景の美しい自然豊かな公園で、広大な敷地内にオールドローズ、クラシック、皇室のバラなどさまざまなテーマを持ったバラのエリアがゆったりと配置されており、都市型の密集したバラ園とは異なる人やバラにとっても環境に恵まれた健康的で元気になれる公園となっている。2001（平成13）年環境省から「かおり風景100選」に認定された。

月山《がっさん》の高山植物　＊春・夏、磐梯朝日国立公園、天然記念物

月山は山形県の中央部にあり出羽丘陵の南部に位置する標高1,984メートルの火山である。頂上の「おむろ」には月山神社があり月読命《つきよみのみこと》が祀られている。約千年前につくられた延喜式神名帳《えんぎしきしんめいちょう》にのる神社で古い時代から朝廷をはじめ庶民の信仰が篤く、水を司《つかさど》る農業神、航海漁撈の神として広く庶民の信仰を集めている。

月山は８合目まで車で行くことができ比較的楽に数多くの高山植物を観賞することができる。弥陀《みだ》ヶ原《はら》は、標高1,400メートル付近に広がるなだらかな湿原で、木道が整備されており一周約１時間程度で自然散策を楽しむことができる。ミズバショウ、ニッコウキスゲ、クロユリ、コバイケイソウ、ミヤマキンバイ、チングルマなど130種類以上の可憐な花が咲き誇る日本でも有数の高山植物の宝庫となっている。

鳥海山《ちょうかいさん》の高山植物　＊春・夏、鳥海国定公園、史跡

鳥海山は、山形県と秋田県にまたがる標高2,236メートルの活火山である。山頂に雪が積もった姿が富士山に似ていることから、出羽《でわ》富士、秋田富士、庄内富士とも呼ばれている。多くの噴火によって畏れられ古くから山岳信仰の対象となった。豊富な湧水は山麓に農耕の恵みをもたらしている。

緯度が高く、多量の雪が降ることから山頂付近には万年雪も残り高山植物をはじめとしたさまざまな植物を観察することができる。特に、鳥海山の名を冠する「チョウカイアザミ」（１メートル以上になる大きなアザミ）や「チョウカイフスマ」は鳥海山の固有種である。鳥海山で見ることのできる主な植物としては、ミズバショウ、ツバメオモト、シラネアオイ、ハクサンシャクナゲ、ハクサンイチゲ、ヒナザクラ、ニッコウキスゲ、チングルマ、アオノツガザクラ、イワギキョウなどがある。

なお、鳥海山のある遊佐町《ゆざまち》では、2004（平成16）年鳥海山の高山植物を保護するために「鳥海山の高山植物その他の植物で構成されるお花畠など保護条例」を制定した。この条例は、鳥海山のおおむね1,200メートル以上を「お花畠保護地域」に指定し、保護を重点的に行う「お花畠特別保護地区」を設けている。また、鳥海山に自生する高山植物の中で特に遊佐町で保護が必要とされる33種類の植物を「特別保護植物」として盗掘や踏み荒し、摘み取りなどを禁止している。違反した場合は、３万円以下の過料に処せられるが、遊佐町が実施する自然保護に関する研修に参加するか鳥海山の美化清掃活動を行った場合は過料が免除されるという規定がある。

公園／庭園

国立公園月山

地域の特色

山形県は東北地方の南西部に位置し、北西部は日本海に面し、北部は鳥《ちょう》海山《かいさん》などで秋田県境をなし、東部は太平洋側と日本海側に二分する脊梁《せきりょう》の奥羽《おうう》山脈が南北に走り、宮城・福島県境をなし、南部は吾妻《あづま》・飯豊《いいで》山地で福島県境を、また、朝日・飯豊山地で新潟県境をなしている。県中央部には出羽三山《でわさんざん》などを擁する出羽山地が占め、その山地を囲むように最上川《もがみがわ》が流れ、内陸部上流から米沢《よねざわ》盆地、山形盆地、新庄《しんじょう》盆地を経て、山地を最上《もがみ》峡《きょう》によって横断し、海岸部下流に庄内《しょうない》平野を形成し、酒田《さかた》で庄内砂丘を横切って日本海に注いでいる。県の4分の3は山地と丘陵となっているが、盆地や平野は穀倉地帯である。奥羽山脈は東日本火山帯の旧那須《なす》火山帯に属し、蔵王山《ざおうさん》、吾妻山《あずまやま》などの火山が県境にあり、出羽山地も東日本火山帯の旧鳥海火山帯に属し、鳥海山、月山《がっさん》などの火山がそびえる。古くは出羽の国の一部であったが、出羽三山の山岳信仰が栄えていた。

近世初頭には出羽百万石として一時期山形藩の最上氏が栄えたが、その後山形藩、庄内（鶴岡）藩、新庄藩などに分割され、譜代《ふだい》大名が治め、天領も錯綜《さくそう》した。一方、米沢藩は上杉氏が幕末まで治めた。このような歴史的背景もあり各地の地域性が強いといわれている。県は峻険《しゅんけん》な高山に囲まれ隔絶性が高く、県内を北流して日本海に注ぐ最上川の舟運が大動脈で、近世以降は西廻り航路の北前船《きたまえぶね》の酒田寄港で上方《かみがた》（大坂・京都など）との結びつきが強かった。

近代には初代県令（官選県知事）の三島通庸《みしまみちつね》が大規模な道路・町並整備を断行し、この記録として洋画家高橋由一《たかはしゆいち》の油絵「山形市街図《やまがたしがいず》」などが残っている。山形県は果樹・蔬菜《そさい》などの試験栽培を奨励し、これが現在のサクランボ栽培などにつながっている。

自然公園は高山、火山、自然林と多彩であり、都市公園は城郭や港町酒田にちなむもの、庭園は酒田の豪商にちなむものなどが特徴的である。

凡例　自 自然公園、都 都市公園・国民公園、庭 庭園

主な公園・庭園

自 磐梯朝日国立公園《ばんだいあさひ》出羽三山《でわさんざん》

＊特別天然記念物、天然記念物、日本百名山

磐梯朝日国立公園は、山形県・新潟県の出羽三山・朝日連峰、山形県・福島県・新潟県の飯豊《いいで》連峰、山形県・福島県の磐梯山《ばんだいさん》・吾妻《あづま》連峰・猪苗代《いなわしろ》湖までの地域からなる奥羽山脈と出羽山地の山岳を中心とした広大な公園である。上信越《じょうしんえつ》高原国立公園から妙高戸隠《みょうこうとがくし》連山国立公園が2015（平成27）年に分離独立して以来、この公園が陸域では約186,000 ha で大雪山に次ぐわが国で2番目に大きな国立公園となった。各地域はほぼ同等の面積となっているが、出羽三山・朝日連峰では山形県が、飯豊連峰では新潟県が、磐梯山・吾妻連峰・猪苗代湖では福島県がそれぞれ中心となって最大面積を有している。3県を比べると全体では山形県が少し多くなっている。

出羽三山は、月山《がっさん》（1,984 m）、羽黒山《はぐろさん》（419 m）、湯殿山《ゆどのさん》（1,504 m）をさし、中世以来、修験道《しゅげんどう》の山岳信仰の霊山として栄え、今も多くの参拝客が訪れる霊場である。月山は褶曲《しゅうきょく》山地の上に生まれた火山であるが、鋭い形ではなく、丸みをおびた眉《まゆ》の形のようななだらかな山容を呈している。山頂部は厳しい環境で、雪解けが遅い雪田《せつでん》草原、風当たりが強い風衝《ふうしょう》草原、低木のハイマツ群落などが発達している。山形県の中心部に位置する高山であり、酒田市街のある庄内平野や山形市街のある山形盆地など、広い範囲から遠望できる。豪雪地帯で万年雪《まんねんゆき》を頂き、白く神々しい山に見え、平地の山形特有のサクランボ園の背後に常にそびえている。山頂には月山神社が建立《こんりゅう》されている。小説家森敦《もりあつし》の芥川賞受賞作『月山』（1974）が知られている。羽黒山は出羽神社が建立され、三山の三神を合祀《ごうし》する合祭殿があり、五重塔《ごじゅうのとう》や参道の杉並木などが荘厳な雰囲気を感じさせ、宿坊も多く並んでいる。湯殿山は月山の山麓に生まれた火山で、湯殿山神社は社殿がなく、温泉水の湧出する場所がご神体となっている。

自 磐梯朝日国立公園《ばんだいあさひ》大朝日岳《おおあさひだけ》・飯豊山《いいでさん》

＊日本百名山

出羽三山の南に朝日連峰、さらに南方に飯豊連峰が連なる。大朝日岳（1,870 m）、飯豊山（2,105 m）などの2,000 m 級の峰々が連なる。花崗岩の隆起山地で、河川の浸食が激しく、深いV字谷を刻んでいる。日本海側の

豪雪地帯であり、山麓はブナ林に覆われ、野生動物の宝庫である。

自 鳥海《ちょうかい》国定公園鳥海山《ちょうかいさん》 ＊天然記念物、日本百名山

鳥海山（2,236 m）は鳥海火山帯に属し、東西二つの成層火山よりなる複合火山であり、秋田県と山形県にまたがる。鳥海山は見る角度によって形は異なるが、出羽富士、鳥海富士とも呼ばれ、独立峰でそびえたっている。豪雪地帯のため亜高山帯の高木の針葉樹林が形成されず、高山部には雪田草原や風衝草原《ふうしょうそうげん》の高山植物群落が発達し、山麓にはブナ林が広がっている。夏も雪渓《せっけい》が残り、心字《しんじ》雪渓と呼ばれる万年雪が見られる。日本庭園には心《しん》字池《じいけ》の言葉があり、心の字の形をしている池をさしている。中腹以下には深い渓谷が多数形成され、イヌワシ、ニホンカモシカなど動物相が豊かである。古くからご神体の山として崇《あが》められた霊山で、山岳信仰の地であった。最高峰は山形県に位置し、山頂部には鳥海山大物忌《おおものいみ》神社の本社がある。山麓の神社の口之宮《くちのみや》も山形県に位置し、南からの信仰登山が中心となっていた。南には江戸時代に北前船の寄港地として栄えた酒田の町があり、美しい鳥海山が眺められ、出羽（現山形県）の国の富士とも呼ばれたことが理解できる。淵上旭江《ふちがみきょっこう》の図絵『山水奇観《さんすいきかん》』（1801）は南から描き、谷文晁《たにぶんちょう》の図絵『日本名山図会《にほんめいさんずえ》』（1812）は南西の日本海から描いている。鳥海国定公園にはこの他、江戸時代に植林した庄内砂丘防砂林、海蝕台地《かいしょくだいち》でウミネコ生息地の飛島《とびしま》、御積島《おしゃくじま》などがある。

自 最上川《もがみがわ》県立自然《しぜん》公園最上川《もがみがわ》

最上川は中流部で出羽山地に峡谷を形成する河川で、急斜面の山が迫り、所々に滝が落ちている。山形、新庄、酒田と内陸から日本海にぬける舟運の交通路でもあった。俳人松尾芭蕉《まつおばしょう》の『奥の細道』（1689）の俳句「五月雨をあつめて早し最上川」は有名である。富士川、球磨川とともに日本三大急流と称されたが、今では治水事業でゆったりと流れている。

都 霞城《かじょう》公園 ＊史跡、重要文化財、日本の都市公園 100 選、日本の歴史公園 100 選

山形駅の約500 m 北に位置する山形城跡につくられた公園である。山形城は14世紀中頃に最上《もがみ》家初代斯波兼頼《しばかねより》が築城したのが始まりといわれている。輪郭式の平城で、1600（慶長5）年の上杉景勝《うえすぎかげかつ》対最上義光《もがみよしみつ》、伊達政宗《だてまさむね》

の戦いで山形城が霧に包まれ上杉側の総大将直江兼続《なおえかねつぐ》の軍から見えなかったことから「霞ヶ城」と呼ばれるようになったと伝えられている。明治維新後は石垣《いしがき》や濠《ほり》は残されたものの建物は壊され、種畜場《しゅちくじょう》や農耕地を経て1896（明治29）年から軍用地になった。第二次世界大戦後の1948（昭和23）年に山形市が払い下げを受けて運動公園「霞城公園」として都市計画決定された。翌年には山形市営野球場が、52（昭和27）年の第7回国民体育大会開催時には体育館やテニスコートなどが整備された。転機は78（昭和53）年山形市制90年を記念して霞城公園整備事業が策定されたことで、それ以降は山形城跡にふさわしい整備として81（昭和56）年に西濠に水が湛《たた》えられたのをはじめ、既存の施設を少しずつ移転して本丸を中心に城の復原を進めることが決定した。86（昭和61）年には山形城跡として国の史跡に指定された。公園では大規模な発掘調査が進められ、二ノ丸東大手門、本丸一文字門《いちもんじもん》の石垣と大手橋、高麗門《こうらいもん》、枡形土塀《ますがたどべい》が次々に復原された。割れて使えなくなった石垣の隅石《すみいし》は園路沿いに展示され、石垣の復原に使用した月山《がっさん》石のベンチの設置、平城の形を上から見ることができる見学台など山形城の理解をうながす仕掛けが工夫されている。

着々と整備が進む新しい本丸との対比が印象的なのは公園の隅に木立に囲まれてひっそりと建つ山形市郷土館である。前身は1878（明治11）年に建てられた県立病院の附属医学校で、山形県内の材料を用いて地元の技術者が施工した洋風建築である。正面は木造3層4階建て、背面には14角形の回廊がある一風変わった造りになっている。1966（昭和41）年に旧済生館《きゅうさいせいかん》本館として国の重要文化財に指定され69（昭和44）年に霞城公園内に移築された。明治の初めに日本人が西洋の建物をどのように理解し、工夫して形にしていったのかを知ることができる。

都 日和山《ひよりやま》公園　＊日本の都市公園100選、日本の歴史公園100選

日和山は船乗りや漁師が天候と風向きをみるために海を見晴らす山のことで、全国に数多くある。天候の判断だけでなく、船の出入りやその連絡、港に入る船の目印の役割を果たしており、方角石《ほうがくいし》や灯籠《とうろう》が設置されていた。日和山公園は酒田市の最上川《もがみがわ》河口近くにあり、それらの痕跡《こんせき》が残る貴重な場所である。大正時代には海の方を見れば数キロにおよぶ白砂青松《はくしゃせいしょう》を、最上川を見下ろせば行き交う船の様子が楽しめたという。木造で六角錐《ろっかくすい》の形

をした旧酒田灯台は公園のシンボルで、1895（明治28）年に最上川河口の左岸に建設されたが、近代的な灯台の建設に伴って現在の場所に移築され、その後山形県の文化財に指定された。公園の池には2分の1の大きさの千石船の模型が浮かぶ。

都 鶴岡公園《つるおか》 ＊日本の歴史公園100選

鶴岡公園は鶴岡市の市街地の中心にあり、17世紀以来200年以上にわたり旧庄内藩主酒井《しょうないはんしゅさかい》氏の居城だった鶴ヶ岡《つるがおか》城の本丸と二の丸跡地である。明治維新によって城は没収、濠も一部を残して埋められ、1876（明治9）年に政府によって鶴岡公園として定められた。翌年には園内に荘内《しょうない》神社が完成し参拝客で大いに賑わった。当時の市民は城の本丸だった場所に自由に出入りできるようになったことに驚いたという。わずかに残った二の丸の濠には明治の終わりから大正時代にかけて花菖蒲《はなしょうぶ》と桜が植えられ、花の名所として知られるようになった。公園に隣接する致道博物館《ちどうはくぶつかん》では多くの国指定文化財や移築された県内の民家を見ることができる。

庭 本間氏別邸庭園《ほんましべってい》（鶴舞園《かくぶえん》） ＊名勝

近世から近代にかけて、問屋《とんや》や海運業などを営《いとな》んで豪商で地主となった本間氏は、江戸時代には「本間様には及びもせぬが、せめてなりたや殿様に」と歌われたほどだった。1813（文化10）年に4代本間光道《こうどう》は、庄内藩主酒井忠器《さかいただかた》の領内巡検《じゅんけん》のために休憩所として別邸を構え、酒田市御成町《おなりちょう》に現在も残る建物と庭園を造営している。訪れた忠器は鳥海山《ちょうかいさん》（標高2,236m）を望む建物に「清遠閣《せいえんかく》」と命名し、園池《えんち》の中島のマツに鶴が舞い降りたことから、庭園を「鶴舞園」と名付けたという。

美術館の横から庭園に入ると、園池の南側に小高い築山《つきやま》がいくつも築かれていて、その間に回遊路が設けられている。築山にはイチイ・ツツジなどの低い刈込があるが、芝生が張られているだけなので、庭園全体が明るく見える。以前、園池は池底の数箇所に設けた井戸から水が自噴していたが、現在は湧水《ゆうすい》がなくなったので、井戸跡から地下水をポンプで汲み上げている。園池の上方の山際に建つ清遠閣のかたわらの庭門と、1908（明治41）年に2階が増築された清遠閣からは、庭園が見下ろせて晴れた日には鳥海山を眺められる。

温泉

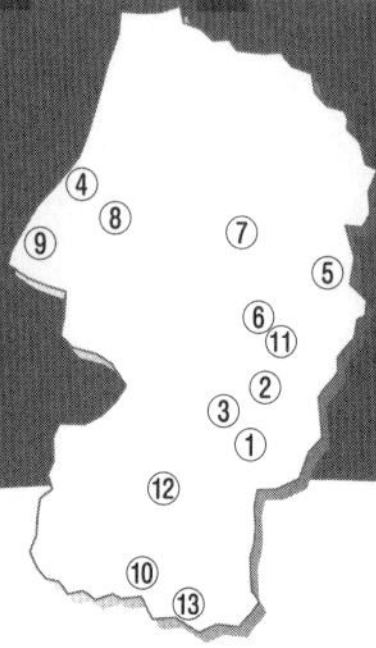

地域の特性

山形県は、東北地方の中西部を占め、西の庄内地方は日本海に面し、東は奥羽山脈の山岳地域であり、その中間地域には最上川が流れていて新庄、山形、米沢の盆地が形成されている。最上川の河口に近い酒田は古来日本海交通の拠点であり、明治初期に建築された庄内米の貯蔵庫である土蔵の山居倉庫が12棟も並ぶ景観は見事である。大地主の本間家の私設美術館があり、その庭園は東北を代表する名園である。内陸部では特産のサクランボをはじめ、リンゴ、ブドウ、モモなどの果実が全国の上位５位に入るほど生産され、「果物王国」ともいわれる。蔵王山や出羽三山の羽黒山、月山、湯殿山など信仰の山々が人々を引きつけており、特に湯殿山は温泉源が御神体である。

◆旧国名：羽前、羽後　県花：ベニバナ　県鳥：オシドリ

温泉地の特色

県内には宿泊施設のある温泉地が90カ所あり、源泉総数は422カ所、湧出量は毎分5万ℓで全国15位である。42℃以上の高温泉が多く、約半数を占める。年間延べ宿泊客数は246万人で全国21位にランクされている。宿泊客数が多い温泉地は、蔵王45万人、天童34万人、上山と湯野浜は各29万人であり、中規模の観光温泉地が健闘している。

国民保養温泉地は、スキーのメッカでもある蔵王をはじめ、銀山、碁点、肘折、湯田川の５温泉地が指定されており、保養を中心とした温泉地づくりが進んでいる。近年、大正ロマンの和風旅館の町並みが美しい銀山や伝統的な朝市を続けている肘折温泉など、ユニークな温泉地が観光客に高く評価されている。

主な温泉地

①蔵王《ざおう》

45万人、50位
国民保養温泉地
塩化物泉

県中東部、奥羽山脈の標高900mに位置する蔵王温泉は、かつて最上高湯の名で知られ、米沢市の白布高湯、福島市の信夫高湯とともに「東北三高湯」ともよばれた。西暦110年頃、日本武尊の蝦夷征伐の際に武将の吉備多賀由が毒矢に刺されて負傷したが、付き人が湯気が上がっているのを発見し、多賀由をその湯に入れて傷を治したという。この多賀由の名が、高湯に転訛したといわれる。温泉地は古来蔵王山の修験者の信仰登山の基地であり、また近郊農民の湯治場として栄えてきた。温泉地内の酢川神社は、『三代実録』に873（貞観15）年６月26日に「正六位酢川神社に従五位を授く」と記され、現在も毎年この日に祭典が行われる。

大正時代初期に「雪の坊」とよばれていた「樹氷」が発見され、スキー時代の幕開けとなった。1950（昭和25）年に毎日新聞社主催の観光百選山岳の部で蔵王山（地蔵岳、熊野岳、刈田岳の総称）が第１位になったのを記念して、蔵王温泉と名を改めた。翌年には全国で２番目のスキーリフトを架設、その後空中ケーブルやロープウェイの開業によって、大衆スキーのメッカとなった。夏場は「子供の湯」ともいわれるほどに家族連れが多く、山形からバスが運行された。1958（昭和33）年、蔵王は山形県で初めての国民保養温泉地に指定された。1962年には山形市と仙台市を結ぶ蔵王エコーラインが開通し、温泉地を取り巻く観光環境が変わった。これまでの夏と冬の２期型から年間利用の四季型観光温泉地へと変容したのだ。さらに、1993（平成５）年の山形新幹線や山形高速自動車道の開通で高速交通時代の幕開けとなり、観光市場が拡大した。年間延べ宿泊客数は45万人を数える。

源泉はすべて自然湧出であり、源泉数は47、湧出量は毎分6,700ℓで、未利用も含めると8,000ℓ以上にもなる。日本有数の温泉資源に恵まれているが、源泉の温度は40～63℃と高温であり、泉質はpH1.5～1.9の強酸性の塩化物泉である。渓流をせき止めて造った露天風呂は、野趣豊かで観光客に人気がある。多くのスキー場が開発されており、冬季にはアオモリトドマツの原生林が見事な樹氷景観を出現させ、樹氷スキーが楽しめる。５月から８月までは、夕食後に温泉マイスターが温泉地内を案内しており、宿の内風呂めぐりもできる。内風呂めぐりは、湯めぐりこけしを買えば３カ所の内湯に浸かれ、こけし工房での絵付けも体験できる。四季折々の蔵王の山岳景観を巡るには、山岳インストラクターが案内するサービスもあり、観光客に対する配慮も行き届いている。

交通：JR 山形新幹線山形駅、バス40分

②天童《てんどう》 34万人、71位 塩化物泉

県中東部、山形盆地の田園中にある天童温泉は、1911（明治44）年に水田で69℃の高温の温泉を掘り当てたのが始まりだといわれる。新興温泉地であるために、自由な発想のもとに温泉地づくりが行われてきた。現在、年間延べ宿泊客数は34万人、全国のランキングで71位になるなど、日本有数の観光温泉地に発展している。田園中の温泉地であるため、各旅館やホテルの経営姿勢が大きな役割を果たすことになる。天童といえば将棋の駒づくりで知られており、プロの名人戦も行われるが、サクランボの特産地でもあり、モモやブドウを加えた味覚観光が盛んである。さらに、山寺、蔵王、出羽三山など著名な観光地へのアクセスもよい。

交通：JR 山形新幹線天童駅、バス５分

③上山《かみのやま》・葉山《はやま》 29万人、85位 塩化物泉

県中東部、宮城県境に近い奥羽本線沿いに上山温泉郷を構成する温泉地が分布している。この温泉は、1458（長禄２）年に肥前の僧月秀が、沼地で鶴が脛《すね》を癒して飛び去るのを見たのが始まりと伝えられている。湯町地区と新湯地区からなる中心町は、旧幕時代には城下町として栄えたが、その東に蔵王国定公園の蔵王山を仰ぐ好立地に展開している。前者は温泉情緒を残しているが、後者は高層ビルの旅館が多くて歓楽的であり、著しい発展を遂げてきた。上山温泉郷の葉山は湯量が多く、広い庭園のある和風旅館が蔵王山の眺望に優れた立地環境にある。その他、河崎地区や高松地区にも温泉旅館が分布している。いずれも、蔵王エコーラインの開通によって、蔵王観光の拠点となっており、年間延べ宿泊客数は29万人を数える。上山は斎藤茂吉生誕の地であり、記念館が設置されている。

交通：JR 山形新幹線かみのやま温泉駅

④湯野浜《ゆのはま》
29万人、86位

塩化物泉

県北西部、日本海に面し鳥海山を望む庄内砂丘上に立地する温泉地である。温泉の発見は11世紀半の1053～58（天喜年間）年頃、漁師が亀の湯浴みをみたのが始まりといい、以前は亀ノ湯とよばれていた。奥州三楽郷の一つとされ、上ノ山、東山と並ぶ歓楽地として栄えた。温泉旅館やホテルは白砂が続く海浜の背後に並んで建てられており、温泉地内には共同浴場２カ所、足湯１カ所がある。温泉浴と合わせて夕日の鑑賞も欠かせないが、さらに隣接の鶴岡14万石の城下町、庄内藩校致道館や北へ足を延ばして酒田の山居倉庫群を見学するのも楽しみである。

交通：JR 羽越本線鶴岡駅、バス40分

⑤銀山《ぎんざん》
国民保養温泉地

塩化物泉

県北東部、奥羽山脈の山間部に三・四層の和風温泉旅館が建ち並ぶ見事な景観美の銀山温泉がある。この地は17世紀前半の寛永の頃に銀鉱山として栄え、その後半世紀を経て廃鉱になったが、山師が温泉業に転換したのである。大正から昭和初期に和風旅館を再建し、大正ロマンの温泉情緒豊かな集落景観をつくり上げた。1968（昭和43）年に国民保養温泉地に指定され、静かな山峡の温泉場が保養客に利用されている。

各旅館の修築に際して、尾花沢市が1986（昭和61）年にいち早く「銀山温泉家並保存条例」を制定し、300万円を限度とする独自の補助金制度を設けた。電柱の地中化をはじめ町並みの景観保全にも取り組んできた。さらに、共同浴場を新設し、温泉給湯管と下水道工事に合わせて電柱の地下埋設を果たし、工事費の半額の10億円は地元が負担して完成した。こうした前向きの姿勢のもとに景観保全が進み、温泉町の景観づくりのモデルともなっている。高温の塩化物泉が湧出し、現在年間10万人の宿泊客が訪れているが、温泉地の町並み景観を求めて日帰りツアー客も数多く立ち寄るようになっている。

交通：JR 山形新幹線大石田駅、バス40分

⑥碁点《ごてん》　国民保養温泉地　塩化物泉

県中央部、1977（昭和52）年に村山市の最上川河畔で発見された温泉が利用され、日本交通公社系列の健康開発財団によって、保養温泉地としての健康増進施設「クアハウス」第1号が誕生した。1985（昭和60）年には当時の環境庁から国民保養温泉地に指定され、翌年には国民保健温泉地にも指定されて人々の健康づくりに特化した方策を展開した。また、1990（平成2）年には全国初の厚生省認定の「健康増進施設」の認定を受けた。そして、温泉療法医と提携してヘルストレーナーの指導が可能なシステムを構築した。一方、1991（平成3）年にはSPAプールを新設し、その周辺に体育館、テニスコート、温水プールなども設置し、吊橋で連絡できる対岸には農村文化保存伝承館、散策路、そば打ち体験ができる農村伝承の家などを造り、誘客に努めた。

交通：JR山形新幹線村山駅、バス15分

⑦肘折《ひじおり》温泉郷（肘折・黄金・石抱）　国民保養温泉地　塩化物泉、炭酸水素塩泉

県北部、最上郡大蔵村の山間部にある肘折温泉は、湯治場の歴史を今に残し、地域を挙げて保養温泉地づくりに取り組んでいる。JR新庄駅からバスで約1時間の距離にあり、銅山川沿いに温泉集落が広がり、背後には出羽三山の一つ月山があり、信仰登山の基地でもある。温泉は88℃の高温の塩化物泉と炭酸水素塩泉が豊富に湧出し、近くの黄金温泉と石抱温泉を加えた肘折温泉郷が、1989（平成元）年に国民保養温泉地に指定された。

平安初期の807（大同2）年、豊後国の源翁が諸国霊場の旅の途次に地蔵権現の化身の老僧に会い、岩穴に導かれて食べ物を与えられた。老僧は崖から落ちて肘を折り近くの温泉で癒したといい、この霊湯を広めるように促したという。この岩穴が現在の「地蔵倉」であり、温泉が共同浴場の「上の湯」である。肘折は信仰と温泉とが一体化して発展してきた。

20軒ほどの木造旅館が連なる落ち着いた温泉場では、冬季を除いて毎日早朝5時半に近在の農民が野菜や山菜などを持ち寄る伝統的な朝市が開催されている。自炊客の多い湯治場であり、高度経済成長期の1972（昭和47）年でも、18万人の宿泊客の3分の2は自炊客で、農民が70％、50歳以上の中高年層が70％を占めた。現在、生活様式の変化から自炊客は

減っている。近年、村当局、観光協会、東北芸術工科大学の学生の支援のもとに、各旅館の玄関に飾る「ひじおりの灯」、地元ガイドによる棚田めぐり、雪山・豪雪体験など、地道な取り組みが行われている。冬は３ｍを超す雪に覆われて客は少なくなるが、修験者による正月７日の出羽三山越年行事「さんげさんげ」はユニークであり、月山スキー場での春スキーへの誘致や雪料理を考案して誘客に努めている。黄金や石抱は肘折とは泉質が異なり、湯めぐりによい。平成時代に入って大蔵村の支援もあり、温泉療養相談所が開設され、温泉療法医の尽力のもとに保養温泉地づくりが推進されている。

交通：JR山形新幹線新庄駅、バス60分

⑧湯田川《ゆたがわ》　国民保養温泉地　硫酸塩泉

県北西部、庄内平野の三名湯、湯野浜、温海、湯田川の中で観光化に後れをとった湯田川温泉は、和風の町並みを残しており、保養温泉地づくりを推進して、2001（平成13）年に国民保養温泉地に指定された。東京から上越新幹線や山形新幹線を利用すれば、高速バスを乗り継いで約４～５時間で到達できる。温泉は712（和銅５）年、傷を負った白鷺の湯浴みで発見されたといい、山形県では蔵王、五色に次いで古い温泉地である。650（白雉元）年創建の延喜式内社の由豆佐売《ゆずさめ》神社が鎮座し、天然記念物の乳イチョウの大木が歴史を感じさせる。近世期、庄内藩士の湯治場でもあり、「田川の湯」として温泉番付の東前頭15枚目に位置していた。

郷土の作家藤沢周平原作の映画「たそがれ清兵衛」のロケ地にもなり、参道入口には、エキストラとして参加した地元民の写真を飾った記念碑もある。石畳の参道沿いに和風旅館街があり、風情のある空間再生によって鶴岡市都市景観賞を受けた。白鷺伝説の共同湯「正面の湯」があり、かけ流しの43℃、毎分900ℓの硫酸塩泉が使われているが、温泉資源の保全のために、1938（昭和13）年にいち早く温泉集中管理を完成させた。温泉は、傷や高血圧症によいといい、湯治や保養の滞在客を受け入れている。近くの里山散歩や山野草めぐりの無料案内があり、四季折々の風情のある祭りが多い。

行事としては孟宗まつり（４月下旬、朝堀タケノコ市）、蛍まつり（６月から２カ月間、源氏ボタルと平家ボタルの競演）、丑湯治祭り（７月中旬～８月初旬)、湯田川神楽のひょっとこ踊り（７月土用丑の日)、秋旬まつり（９～10月の２カ月間、各旅館が郷土料理を競う)、冬季には名物の寒鱈まつりなどがある。

交通：JR 羽越本線鶴岡駅、バス30分

⑨温海《あつみ》　硫化水素泉

県中西部、新潟県境に近く、日本海に流れ込む温海川に沿って形成された温泉地である。温泉の起源は古く、弘法大師の夢枕に童子が立って温泉の存在を教えてくれたとか、鶴が湯浴みをしていて傷ついた足を癒していたのを樵がみつけたといった伝承がある。近世期には、庄内藩主酒井忠勝が入国した後、湯役所が設けられて近郊の人々が集まる湯治場として栄えたといわれる。温泉集落は河口から２km ほどの内陸に位置し、４月から11月末まで、有名な朝市が毎朝早くから開催され、250年以上も続いているという。文人墨客も多く訪れ、松尾芭蕉、与謝野晶子、横光利一が詩歌、小説などを数多く残している。

交通：JR 羽越本線あつみ温泉駅、バス５分

⑩白布《しらぶ》　硫黄泉

県南東部、奥羽山脈南部の山間地、西吾妻山北麓の大樽川の渓谷沿いに見事な茅葺きの宿がある。1312～17（正和年間）年の開湯と伝えられ、歴史の古い温泉地である。山形県の白布高湯は、最上高湯（蔵王）と福島県の信夫高湯を加えて奥州三高湯に数えられている。昔から「三湯湯治」とよばれ、この３温泉地に宿泊すれば、100年長生きができるといわれ、多くの湯治客で賑わったという。茅葺きの東屋、中屋、西屋が並んだ温泉宿の景観は見事で、温泉そのもののよさと相まって、白布高湯の評価を高めてきた。自噴の温泉は42℃以上の高温で毎分1,700 ℓ も湧出している。しかし、残念ながら東屋と中屋は2012（平成24）年３月25日の大火で消失した。この温泉地は吾妻連峰の登山、天元台へのハイキングやスキーの客の基地としても利用されている。

交通：JR 山形新幹線米沢駅、バス50分

⑪東根《ひがしね》　塩化物泉

県中東部、山形盆地にある温泉地で、温泉旅館は点在して分布している。1910（明治43）年に掘抜井戸を掘った際に温泉が湧出し、開業した22軒の旅館は町並みを形成するというよりは田園中に散在している。共同浴場は4カ所あり、紅花資料館、江戸時代の紅花商人堀込邸、日本一のバラ園がある東沢公園、高さ28m、幹周り16mの日本一の大ケヤキなど、見所も多い。さらに、東根は何よりもサクランボの王様である「佐藤錦」発祥の地であり、収穫時期には観光客で賑わう。

交通：JR山形新幹線さくらんぼ東根駅、徒歩15分

⑫赤湯《あかゆ》　塩化物泉

県中東部、米沢盆地の一角を占める南陽市の市街地にある温泉地である。温泉の歴史は古く、1093（寛治7）年の源義家の奥州統一の戦いで同行していた弟の義綱が温泉を発見したとされ、開湯900年ともいわれる。近世期、米沢藩主が入浴する箱湯が設けられ、藩公認の遊興の場でもあったという。現在、40℃を超える高温泉が多量に湧出し、多様な旅館、ホテルなどが集まっている。以前は一部に歓楽的色彩もあったが、一帯はブドウ、サクランボの産地であり、観光果樹園も多く収穫期には家族連れで賑わう。

交通：JR山形新幹線赤湯駅、バス5分

⑬姥湯《うばゆ》　含鉄泉

県南東端、吾妻連峰の一角、標高1,230mの高地にある一軒宿の秘湯中の秘湯である。標高は高いが、温泉地は大日岳の崩壊岩が散乱した前川の川岸にある。以前はランプの宿として登山者には知られていたが、その後洪水の被害を受けて再建された。今も11月中旬から4月下旬までの閉鎖期を除いては、本物の保養温泉地の形態を維持していて評価される。宿の周りには自然湧出の源泉が各所にあり、巨岩を活かし、洪水で流された大小の岩を使って、川原に素朴な露天風呂がつくられている。初夏の新緑や秋の素晴らしい紅葉のもとで温泉浴を楽しみ、心身の疲れを癒すことができる。

交通：JR奥羽本線峠駅、送迎バス40分

執筆者 / 出典一覧

※参考参照文献は紙面の都合上割愛
しましたので各出典をご覧ください

I　歴史の文化編

【遺　跡】　**石神裕之**　(京都芸術大学歴史遺産学科教授)『47都道府県・遺跡百科』(2018)
【国宝 / 重要文化財】　**森本和男**　(歴史家)『47都道府県・国宝 / 重要文化財百科』(2018)
【城　郭】　**西ヶ谷恭弘**　(日本城郭史学会代表)『47都道府県・城郭百科』(2022)
【戦国大名】　**森岡 浩**　(姓氏研究家)『47都道府県・戦国大名百科』(2023)
【名門 / 名家】　**森岡 浩**　(姓氏研究家)『47都道府県・名門 / 名家百科』(2020)
【博物館】　**草刈清人**　(ミュージアム・フリーター)・**可児光生**　(美濃加茂市民ミュージアム館長)・**坂本 昇**　(伊丹市昆虫館館長)・**髙田浩二**　(元海の中道海洋生態科学館館長)『47都道府県・博物館百科』(2022)
【名　字】　**森岡 浩**　(姓氏研究家)『47都道府県・名字百科』(2019)

II　食の文化編

【米 / 雑穀】　**井上 繁**　(日本経済新聞社社友)『47都道府県・米 / 雑穀百科』(2017)
【こなもの】　**成瀬宇平**　(鎌倉女子大学名誉教授)『47都道府県・こなもの食文化百科』(2012)
【くだもの】　**井上 繁**　(日本経済新聞社社友)『47都道府県・くだもの百科』(2017)
【魚　食】　**成瀬宇平**　(鎌倉女子大学名誉教授)『47都道府県・魚食文化百科』(2011)
【肉　食】　**成瀬宇平**　(鎌倉女子大学名誉教授)・**横山次郎**　(日本農産工業株式会社)『47都道府県・肉食文化百科』(2015)
【地　鶏】　**成瀬宇平**　(鎌倉女子大学名誉教授)・**横山次郎**　(日本農産工業株式会社)『47都道府県・地鶏百科』(2014)
【汁　物】　**野﨑洋光**　(元「分とく山」総料理長)・**成瀬宇平**　(鎌倉女子大学名誉教授)『47都道府県・汁物百科』(2015)
【伝統調味料】　**成瀬宇平**　(鎌倉女子大学名誉教授)『47都道府県・伝統調味料百科』(2013)
【発　酵】　**北本勝ひこ**　(日本薬科大学特任教授)『47都道府県・発酵文化百科』(2021)

【和菓子 / 郷土菓子】 **亀井千歩子** (日本地域文化研究所代表)『47都道府県・和菓子 / 郷土菓子百科』(2016)

【乾物 / 干物】 **星名桂治** (日本かんぶつ協会シニアアドバイザー)『47都道府県・乾物 / 干物百科』(2017)

Ⅲ 営みの文化編

【伝統行事】 **神崎宣武** (民俗学者)『47都道府県・伝統行事百科』(2012)

【寺社信仰】 **中山和久** (人間総合科学大学人間科学部教授)『47都道府県・寺社信仰百科』(2017)

【伝統工芸】 **関根由子・指田京子・佐々木千雅子** (和くらし・くらぶ)『47都道府県・伝統工芸百科』(2021)

【民　話】 **関根綾子** (昔話伝説研究会会員) / 花部英雄・小堀光夫編『47都道府県・民話百科』(2019)

【妖怪伝承】 **今井秀和** (共立女子大学文芸学部准教授) / 飯倉義之・香川雅信編、常光 徹・小松和彦監修『47都道府県・妖怪伝承百科』(2017) イラスト©東雲騎人

【高校野球】 **森岡 浩** (姓氏研究家)『47都道府県・高校野球百科』(2021)

【やきもの】 **神崎宣武** (民俗学者)『47都道府県・やきもの百科』(2021)

Ⅳ 風景の文化編

【地名由来】 **谷川彰英** (筑波大学名誉教授)『47都道府県・地名由来百科』(2015)

【商店街】 **南波 純** (山形県鶴岡市立鶴岡第一中学校教諭) / 正木久仁・杉山伸一編著『47都道府県・商店街百科』(2019)

【花風景】 **西田正憲** (奈良県立大学名誉教授)『47都道府県・花風景百科』(2019)

【公園 / 庭園】 **西田正憲** (奈良県立大学名誉教授)・**飛田範夫** (庭園史研究家)・**井原 縁** (奈良県立大学地域創造学部教授)・**黒田乃生** (筑波大学芸術系教授)『47都道府県・公園 / 庭園百科』(2017)

【温　泉】 **山村順次** (元城西国際大学観光学部教授)『47都道府県・温泉百科』(2015)

索　　引

あ 行

か 行

さ 行

た 行

な 行

は 行

ま 行

47都道府県ご当地文化百科・山形県

令和6年 6 月30日　発　行

編　者　丸　善　出　版

発行者　池　田　和　博

発行所　丸善出版株式会社
〒101-0051 東京都千代田区神田神保町二丁目17番
編集：電話(03)3512-3264／FAX(03)3512-3272
営業：電話(03)3512-3256／FAX(03)3512-3270
https://www.maruzen-publishing.co.jp

組版印刷・富士美術印刷株式会社／製本・株式会社 松岳社

ISBN 978-4-621-30929-2　C 0525　Printed in Japan